Vom Autopiloten zur Selbststeuerung

D1678388

Vom Autopiloten zur Selbststeuerung

Adrian Mühlebach

Wissenschaftlicher Beirat Programmbereich Gesundheit

Ansgar Gerhardus, Bremen; Klaus Hurrelmann, Berlin; Petra Kolip, Bielefeld; Milo Puhan, Zürich; Doris Schaeffer, Bielefeld

Adrian Mühlebach

Vom Autopiloten zur Selbststeuerung

Alexander-Technik in Theorie und Praxis

2., aktualisierte und ergänzte Auflage

Adrian Mühlebach
Hasenbühlstrasse 18M
8910 Affoltern am Albis
info@tamt.ch

Wichtiger Hinweis: Der Verlag hat gemeinsam mit den Autoren bzw. den Herausgebern große Mühe darauf verwandt, dass alle in diesem Buch enthaltenen Informationen (Programme, Verfahren, Mengen, Dosierungen, Applikationen, Internetlinks etc.) entsprechend dem Wissensstand bei Fertigstellung des Werkes abgedruckt oder in digitaler Form wiedergegeben wurden. Trotz sorgfältiger Manuskripterstellung und Korrektur des Satzes und der digitalen Produkte können Fehler nicht ganz ausgeschlossen werden. Autoren bzw. Herausgeber und Verlag übernehmen infolgedessen keine Verantwortung und keine daraus folgende oder sonstige Haftung, die auf irgendeine Art aus der Benutzung der in dem Werk enthaltenen Informationen oder Teilen davon entsteht. Geschützte Warennamen (Warenzeichen) werden nicht besonders kenntlich gemacht. Aus dem Fehlen eines solchen Hinweises kann also nicht geschlossen werden, dass es sich um einen freien Warennamen handelt.

Bibliografische Information der Deutschen Nationalbibliothek
Die Deutsche Nationalbibliothek verzeichnet diese Publikation in der Deutschen Nationalbibliografie; detaillierte bibliografische Daten sind im Internet über http://www.dnb.de abrufbar.

Dieses Werk einschließlich aller seiner Teile ist urheberrechtlich geschützt. Jede Verwertung außerhalb der engen Grenzen des Urheberrechtes ist ohne Zustimmung des Verlages unzulässig und strafbar. Das gilt insbesondere für Kopien und Vervielfältigungen zu Lehr- und Unterrichtszwecken, Übersetzungen, Mikroverfilmungen sowie die Einspeicherung und Verarbeitung in elektronischen Systemen.

Anregungen und Zuschriften bitte an:
Hogrefe AG
Lektorat Gesundheit
Länggass-Strasse 76
3000 Bern 9
Schweiz
Tel: +41 31 300 45 00
E-Mail: verlag@hogrefe.ch
Internet: http://www.hogrefe.ch

Lektorat: Susanne Ristea, Lea Zenger
Herstellung: René Tschirren
Umschlagabbildung: iStockphoto/swissmediavision
Umschlag: Claude Borer, Riehen
Satz: punktgenau GmbH, Bühl
Druck und buchbinderische Verarbeitung: Finidr s. r. o., Český Těšín
Printed in Czech Republic

2., aktualisierte und ergänzte Auflage
© 2018 Hogrefe Verlag, Bern
© 2011 Verlag Hans Huber, Hogrefe AG, Bern

(E-Book-ISBN_PDF 978-3-456-95837-8)
(E-Book-ISBN_EPUB 978-3-456-75837-4)
ISBN 978-3-456-85837-1
http://doi.org/10.1024/85837-000

Inhalt

Vorwort

Den ersten Kontakt mit der Alexander-Technik hatte ich während meiner Theater- und Tanzausbildung. Ich las Michael Gelbs Buch *Körperdynamik*. Mich faszinierte die Idee, die eigenen Bewegungs- und Denkmuster erforschen und bewusst verändern zu können. Will man auf der Bühne eine andere Person darstellen, ist diese Fähigkeit absolut entscheidend. So machte ich dann bei verschiedenen Alexander-Technik-Lehrern erste praktische Erfahrungen. Aber richtig intensiv beschäftigte ich mich erst mit der Technik, als mich meine Knie dazu zwangen. Meine Bewegungsorganisation war zu jener Zeit alles andere als ideal. Ein Foto, das mich stehend von der Seite zeigte, konfrontierte mich mit der Realität meiner falschen Körperwahrnehmung: Ich glaubte, gerade zu stehen, in Wirklichkeit stand ich aber wie eine Banane, mein Becken aus der Körperachse nach vorne geschoben. Das intensive Tanztraining führte dazu, dass meine Knie schmerzten und schließlich beim Beugen blockierten. Sehr verunsichert, suchte ich einen Facharzt auf. Er beruhigte mich und meinte, meine Knie seien in Ordnung, da gäbe es nichts zu operieren. Er empfahl mir, die Beinmuskulatur zu trainieren. Mir war aber schnell klar, dass dies nicht genügen würde, um mich von meinen Schmerzen zu befreien. Ich beschäftigte mich mit Eutonie und Feldenkrais und begann schließlich die Ausbildung in Alexander-Technik. Dort erfuhr ich, wie meine Knieprobleme mit der Körperhaltung zu tun hatten. Ich lernte meinen Körper mit mentalen Anweisungen auszurichten, was die Knieschmerzen zum Verschwinden brachte. Auch andere körperliche Schwächen verschwanden. Meine Atmung wurde freier. Die Enge in der Brust, die mich behindert hatte, löste sich auf. Auch meine Sinne wurden sensibler. Ich empfand den Duft des Frühlings so intensiv wie nie zuvor. Meine Sehkraft verbesserte sich, sodass ich keine Brille mehr brauchte. Als mir der Zusammenhang zwischen meiner Art zu denken und der Muskelspannung in meinem Körper bewusst wurde, begann ich meine Wahrnehmungen weniger einzuordnen und zu bewerten. Ich ließ es mehr bei der Wahrnehmung bewenden, ohne alles gleich begrifflich erfassen zu wollen. So wurde ich offener für neue Erfahrungen mit mir und meiner Umwelt.

In Theaterworkshops machten wir jeweils ein Experiment: Wir veränderten jeden Tag irgendeine Gewohnheit. Vegetarier wurden zu Fleischessern, Rechtshänder zu Linkshändern, Morgenmuffel zu Frühaufstehern. Diesen Geist der neugierigen Offenheit, die Bereitschaft Neues auszuprobieren, nicht zu ernsthaft, sondern mit spielerischer Leichtigkeit, liebe ich an der Alexander-Technik. Er macht vieles möglich, was wir gar nicht für möglich gehalten hätten.

Frederick Matthias Alexander (1869–1955), der Begründer der Alexander-Technik, war Rezitator von Shakespeare-Texten. Bei seinen

Auftritten hatte er allerdings Probleme mit der Stimme: Sie wurde heiser. Diese Tatsache führte ihn dazu, seine Selbstorganisation genauer zu untersuchen, und er entdeckte dabei grundlegende Steuermechanismen des menschlichen Organismus. Mit Hilfe dieses Wissens überwand Alexander nicht nur seine Stimmprobleme, sondern er entwickelte daraus auch eine Technik der bewussten Selbststeuerung. Er unterrichtete seine Methode anfänglich in Australien, später in England und in den USA. Zu seinen Schülern zählten viele bekannte Persönlichkeiten, wie die Schriftsteller George Bernard Shaw und Aldous Huxley oder der amerikanische Philosoph und Pädagoge John Dewey. Zuerst war die Technik vor allem unter Schauspielern und Musikern bekannt. Heute wird sie von Menschen verschiedenster Berufs- und Altersgruppen auf der ganzen Welt praktiziert.

Die Alexander-Technik ist einerseits eine therapeutische Methode, die erfolgreich bei Beschwerden im Bewegungsapparat wie Rücken-, Nacken- oder Schulterschmerzen, bei Verspannungen, Haltungsproblemen, aber auch bei emotionalen Problemen oder Stresssymptomen eingesetzt wird. Andererseits fördert sie die individuelle Selbstorganisation von Menschen jeden Alters, sei es in der Schule, der Arbeitswelt, im Büro am Bildschirm, auf dem Bau, in der Werkstatt, im Haushalt oder auf der Bühne. Sie lernen den Körper wahrzunehmen und ihre Haltungen und Bewegungen zu optimieren, um so ihre Tätigkeiten besser ausführen zu können.

Diese zwei Einsatzbereiche widerspiegeln sich auch in den unterschiedlichen Berufsbezeichnungen für die Vermittler der Alexander-Technik. Es gibt Therapeuten, die sich hauptsächlich mit gesundheitlichen Problemen befassen und Lehrer, die Menschen bei der Förderung ihrer individuellen Fähigkeiten unterstützen.

Der erste Teil des Buches verbindet die Theorie der Alexander-Technik mit Erkenntnissen der Neurowissenschaften und der Psychologie. Schon Alexander verwendete in seinen Büchern psychologische Begriffe – etwa solche des Behaviorismus – oder berief sich auf Neurowissenschaftler wie den Nobelpreisträger Charles Sherrington. Diese Integration wissenschaftlicher Forschungsergebnisse in die Technik wird in diesem Buch fortgesetzt.

Das theoretische Wissen bildet die Basis für das Verständnis und den erfolgreichen Umgang mit den Selbstexperimenten im zweiten Buchteil. Er gibt Ihnen einen Einblick in die Praxis der Alexander-Technik. Sie werden zur Wahrnehmung Ihres Körpers und seiner Bewegungsgewohnheiten angeleitet und können neue Haltungen und Bewegungen ausprobieren. Ergeben sich daraus gute Erfahrungen, so ist der Weg frei, diese zu wiederholen und ins eigene Verhaltensvokabular aufzunehmen.

Bei gesundheitlichen Problemen empfehle ich Ihnen die professionelle Unterstützung durch einen Alexander-Technik-Therapeuten. Ebenso, wenn Sie Ihre individuellen Fähigkeiten mit Hilfe der Technik besser entfalten möchten. Im Anhang dieses Buches finden Sie Hinweise, wie Sie einen Therapeuten in Ihrer Nähe finden können.

Viel Spaß und Erfolg beim Lesen und Experimentieren!

Adrian Mühlebach

Dank

Ich danke allen, die zur Entstehung dieses Buches beigetragen haben: Meinen Berufskolleginnen Elsbeth Läuffer und Lilian Ryser, meinem Berufskollegen Vitus Gämperli für ihre Anregungen und ihre kritische Unterstützung, Claudia Merki, die mir half, dass der Text flott daherkommt, Hildegard Koch, Ursula Rohr und Franziska Bratoljic, die das Buch einem ersten Leserinnen-Test unterzogen haben und besonders meiner Partnerin Therese Bachmann, die mich während dem Schreibprozess mit viel Verständnis begleitete, meinen Kindern Lukas und Lena für ihre Mithilfe bei Fotoarbeiten, meinem Ausbilder Yehuda Kuperman, welcher mich in die Welt der Alexander-Technik einführte, Philippe Cotton und Dorothea Rust, die mich im kollegialen Austausch immer wieder mit neuen Ideen und Erfahrungen beschenkt haben, Robin Möckli Webster mit der ich heute das Ausbildungszentrum für Alexander-Technik in Zürich leite, all meinen Klientinnen und Klienten mit denen ich zusammenarbeiten durfte und die mich motivieren mein Verständnis der Alexander-Technik ständig weiter zu entwickeln, Herrn Klaus Reinhardt vom Hogrefe Velag, der sich für diese Buchidee begeistern liess und Frau Susanne Ristea, welche die Neuauflage des Buches mit wohlwollender Aufmerksamkeit betreute.

Wichtiger Hinweis

In diesem Buch finden Sie Anleitungen zu Selbstbeobachtungen und Selbstexperimenten. Sie ersetzen aber nicht die Behandlung durch einen Arzt[1], Therapeuten oder die Arbeit mit einem Alexander-Technik-Therapeuten.

Gehen Sie behutsam an die Experimente heran.

Erklärung zu den verwendeten Symbolen

Wichtige Aussagen und Definitionen

Sie verdeutlichen die Denkmodelle der Alexander-Technik.

Beispiele

Beispiele aus eigener Erfahrung, aus der Arbeit mit Klientinnen und Klienten oder Erfahrungen von F. M. Alexander illustrieren die behandelten Themen.

Handlungsanweisungen

Sie dienen zur Selbstbeobachtung und zu Selbstexperimenten

Mentale Anweisungen

Sie aktivieren Bewegungsprogramme aus dem unbewussten Gedächtnis. Sie werden nur gedacht und nicht gemacht!

---

1 Der Lesbarkeit halber verwende ich hier wie auch im ganzen Buch die männliche Form, schließe damit die weibliche Form mit ein.

Teil 1

Alexander-Technik und Neuropsychologie

1
Wie wir funktionieren

1.1
Erfahrungen formen unsere Selbstorganisation

Während Sie dieses Buch lesen, sitzen, stehen oder liegen Sie. Sie halten es in den Händen oder haben es abgelegt. Vielleicht ist Ihre Körperhaltung gekrümmt, vielleicht aufgerichtet. Die Zunge berührt den Gaumen oder liegt im Unterkiefer, die Atembewegung geht in den Bauch oder bleibt im Brustraum. Sie lesen den Text mit innerer Ruhe oder in Gedanken schon bei Ihrer nächsten Aktivität. Vielleicht lesen Sie dieses Buch, weil Sie die Lösung für ein bestimmtes Problem suchen, oder einfach aus Neugierde. Sicher ist, Sie lesen auf Ihre ganz persönliche Art und Weise.

Denn wenn hundert Menschen das Gleiche tun, werden sie es auf hundert verschiedene Arten tun. Jeder Mensch ist anders organisiert und funktioniert deshalb auch anders. Jeder Mensch hat seine eigene Selbstorganisation.

Selbstorganisation heißt Entwicklung

Vergleicht man Menschen mit Computern, ist der Körper die Hardware. Die Steuerprogramme für die inneren Körperprozesse, für unser Bewegen, Fühlen und Denken, sind die Software. Körper und Steuerprogramme bilden zusammen unsere individuelle Selbstorganisation. Im Unterschied zum Computer sind wir aber auch noch unsere eigene Entwicklungsabteilung. Unsere Vorfahren haben unsere Selbstorganisation aufgebaut. Und an uns ist es jetzt, sie weiterzuentwickeln.

Mit unserer Umwelt und unseren Mitmenschen stehen wir in einem ständigen Austausch. Wir gehen einer Arbeit nach, wir haben Freizeit, wir pflegen Beziehungen zu Partnern, Familie, Freunden. Wir produzieren und konsumieren, bestimmen und werden bestimmt, ernähren uns und scheiden aus. Wir durchlaufen von der Zeugung bis zum Tod einen Wachstums- und Alterungsprozess. Alle Erfahrungen, die wir dabei sammeln, verändern unseren Körper und unsere Steuerprogramme – unsere Selbstorganisation entwickelt sich ständig weiter. Wir können entscheiden, ob wir diesen Prozess mit uns geschehen lassen oder bewusst mitgestalten.

Störungen der Selbstorganisation

Wir Menschen unterscheiden uns von Pflanzen und Tieren in einem entscheidenden Punkt: Wir können uns schnell an sich verändernde Lebensbedingungen anpassen. Unser hoch entwickeltes Nervensystem ermöglicht es uns, aus unseren Erfahrungen zu lernen und unser Verhalten entsprechend zu gestalten. Es steuert unseren komplexen Organismus, reagiert dynamisch auf innere und äußere Veränderungen und macht uns zu Wesen mit einer hochentwickelten Selbstorganisation.

Diese Anpassungsfähigkeit ist eine unserer größten Stärken, gleichzeitig aber auch der Ursprung vieler Störungen in unserem Organismus. Anfänglich sinnvolle Anpassungen an Lebensbedingungen wie das Nachahmen von Bewegungen, das Anpassen des eigenen Verhaltens, das Erfüllen von sozialen Normen, das Vermeiden einer Schmerzempfindung, die Stressreaktion auf eine erhöhte Belastung können die Selbstorganisation stören. Solche Störungen der Selbstorganisation zu erkennen und abzubauen oder noch besser, gar nicht erst entstehen zu lassen, ist das Ziel der Alexander-Technik.

Vom Autopiloten zur Selbststeuerung

Vieles an unserem Verhalten geschieht automatisch, ohne dass wir darüber nachdenken, wie wir es tun. Gewohnheiten prägen das Denken, das Wahrnehmen, die Körperhaltungen, die Bewegungen und die emotionalen Reaktionen.

Wir sind aber nicht nur Gewohnheitstiere. Wir sind auch entscheidungs- und lernfähige Wesen, die ihre Selbstorganisation bewusst neuen Situationen anpassen können. Wir können unser Verhalten bewusst verändern, wir können wählen, wie wir stehen, gehen, sitzen, uns bewegen, sprechen, schauen, atmen, denken und empfinden.

So könnte vieles, was uns in unserer Selbstwahrnehmung als gegeben und unveränderlich erscheint, auch ganz anders sein. Unsere Körperhaltung zum Beispiel, die Art, wie wir uns bewegen, wie wir mit unseren Gefühlen umgehen, wie wir auf Stress reagieren.

Gesundheitliche Störungen sind nicht einfach Schicksal, sondern oft die Folge unseres Verhaltens. Viele Verspannungen und Schmerzen sind funktionelle Störungen, d.h. sie sind nicht organisch bedingt, sondern kommen daher, dass wir unseren Organismus unbewusst in seiner Funktionsfähigkeit stören.

Indem wir unsere Selbstorganisation bewusst verändern, sind wir in der Lage, solche Störungen zum Verschwinden zu bringen. Wir können uns neue Bewegungsprogramme aneignen, die dem Bau und der Funktionsweise unseres Körpers besser entsprechen als jene, die wir bisher genutzt haben. Wenn wir im Alltag innehalten, den Autopiloten ausschalten und bewusst die neu erlernten Steuerprogramme wählen, optimieren wir unsere Selbstorganisation.

1.2
Selbstorganisation – die Einheit von Bewegen, Fühlen und Denken

Gehirn und Körper stehen in einer engen Beziehung. Mit elektrischen Impulsen über die Nervenbahnen und chemischen Botenstoffen über den Blutkreislauf sind sie miteinander verbunden. Signale vom Gehirn lösen im Körper Reaktionen aus. Aber auch von den im Körper ablaufenden Prozessen gehen umgekehrt Signale ans Gehirn und beeinflussen seine Arbeitsweise.

Der Gedanke, dass das Gehirn den Körper steuert, ist uns vertraut. Dass die Körperhaltung und die Bewegungen unser Denken und Fühlen beeinflussen, ist uns dagegen eher fremd. Unser Gehirn ist aber nicht das vom Körper unabhängige Denkorgan, welches Körper und Gefühle steuert und kontrolliert. F.M. Alexander erkannte durch seine Experimente, wie unhaltbar diese Trennung zwischen Körper und Geist ist, und sprach deshalb von der psychophysischen Einheit des Menschen (s. **Abb. 1–1**).

Denken tut nicht nur der Kopf

Der Künstler Joseph Beuys soll gesagt haben: „Ich denke sowieso mit dem Knie." Ich weiß nicht, was Beuys mit diesem Satz sagen wollte,

Abbildung 1–1: Bewegen, Fühlen und Denken sind miteinander verbunden und Teile einer Einheit

doch für mich stellt er die Vorstellung in Frage, dass Denken ausschließlich im Gehirn stattfindet und der Körper nur die Befehle des Gehirns ausführt. Denn diese Aufgabenteilung zwischen dem befehlenden Steuerorgan Gehirn und dem befehlsempfangenden und ausführenden Rest des Körpers ist gar nicht so klar, wie man meinen könnte. Erstens sind unsere Muskeln, Knochen, inneren Organe usw. ebenso von unserer Lebenserfahrung geprägt wie das Gehirn und verfügen deshalb auch über lebensgeschichtlich entstandene Informationen. Zweitens denkt der Körper immer mit. Denn Gedanken lösen automatisch Körperreaktionen aus, welche von unzähligen, über den Körper verteilten Sensoren erfasst und ans Gehirn zurückgemeldet werden. So ist der Körper immer an unserem Denken mitbeteiligt. Und drittens beeinflussen Körperzustände und Körperhaltungen unser Denken. Mit körperlichem Wohlgefühl denkt es sich viel leichter als mit

Bauch- oder Rückenschmerzen. Ist unser Körper aufgerichtet und weit, denken und empfinden wir anders, als wenn er gebeugt und zusammengezogen ist.

Wir fühlen mit dem Körper

Wenn wir uns freuen, wenn wir traurig sind oder verärgert, so ist das sowohl ein geistiges wie auch ein körperliches Geschehen. Emotionen entstehen im emotionalen Erfahrungsgedächtnis, einem Verbund von mehreren, unterhalb der Großhirnrinde liegenden Strukturen. Es bewertet alle Gedanken und Situationen aufgrund der bisher gemachten Erfahrungen und löst Körperreaktionen aus. Mit den über den ganzen Körper verteilten Rezeptoren werden die Reaktionen ans Gehirn zurückgemeldet und kommen so als gefühlte Emotionen in unser Bewusstsein.

Die von Emotionen ausgelösten Körperreaktionen, wie das vor Freude pochende Herz oder die aus Angst verspannte Beinmuskulatur, sind Signale unseres emotionalen Erfahrungsgedächtnisses. Es bewertet aufgrund abgespeicherter Erfahrungen, was positiv oder negativ für uns ist. Es motiviert uns, Situationen zu suchen oder zu meiden.

Körperorientiertes Selbstmanagement

Der Körper ist die Grundlage unseres Lebens. Wir nehmen uns und die Welt durch ihn wahr, in ihm sind unsere Erfahrungen abgespeichert, wir denken mit ihm und wir sind durch ihn im Austausch mit unserer Umwelt. Durch die Wahrnehmung des Körpers und seiner Reaktionen auf Gedanken und Situationen erhalten wir wertvolle Informationen für unser Selbstmanagement. Sie erlaubt uns, unser Denken und Handeln in Einklang mit unserem Wesen zu bringen. Ein guter Kontakt zu unserm Körper bewahrt uns vor Selbstüberforderung und Missachtung der eigenen Bedürfnisse. Aus diesem Grund gilt unser Blick auf die Selbstorganisation dem Körper mit seinen Bewegungen.

2
Wie wir uns bewegen

2.1
Die Bewegungsorganisation

Ein bewegter Körper ist ein lebendiger Körper. Er ist ein Organismus. Bewegung findet im Inneren jeder Zelle und im Austausch zwischen den Zellen statt. Die inneren Organe und die Körperflüssigkeiten bewegen sich. Bewegung braucht Raum, im Körper und außerhalb des Körpers. Der Körper entfaltet sich im Raum, er richtet sich in der Länge auf und breitet sich in die Weite aus. Diese Ausdehnung im Raum erzeugt einen geschützten Innenraum für unsere inneren Organe. Die Bewegung des Körpers im Außenraum ermöglicht den Austausch mit der Umwelt, das Handeln und Kommunizieren.

 Die Bewegungsorganisation ist die Art, wie wir uns bewegen. Sie umfasst die Körperhaltung, die Koordination der Bewegungen, die Spannung der Muskulatur sowie die Funktionsfähigkeit unserer inneren Organe.

Wenn wir von Bewegungsorganisation sprechen, so steht zwar der Körper im Vordergrund, das Fühlen und Denken ist aber immer mit eingeschlossen.

Die Art, wie wir uns bewegen, kann Beschwerden im Bewegungsapparat und Störungen der inneren Organe, aber auch emotionale Probleme und Stresssymptome verursachen. Indem wir im Alltag innehalten und unseren Körper bewusst wahrnehmen, können wir unsere Bewegungsorganisation optimieren und die Störungen zum Verschwinden bringen.

2.2
Die natürliche Bewegungsorganisation

Eine Bewegungsorganisation, die für eine der Natur entsprechende, hohe Funktionsfähigkeit des Organismus sorgt, bezeichnen wir als natürlich. Dabei arbeiten die einzelnen Teilbereiche des Körpers für sich wie auch im Verbund auf optimalem Niveau. Die Gelenke sind frei beweglich, und die inneren Organe arbeiten einwandfrei. Sie werden weder durch eine schlechte Körperhaltung noch durch unnötig angespannte Muskeln oder ineffiziente Bewegungsmuster behindert.

Die natürliche Bewegungsorganisation gibt uns ein körperliches Wohlgefühl, Kraft und Leichtigkeit, aber auch innere Ruhe und Gelassenheit.

Allerdings gibt es den perfekt funktionierenden Organismus nicht. Wir alle haben unsere Schwachstellen, Einschränkungen und Behinderungen. Vielleicht haben wir diese bereits seit unserer Geburt, vielleicht haben sie sich im

Abbildung 2–1: Der entspannte, von der Atembewegung durchflossene Körper des Babys

Laufe der Zeit entwickelt, sind durch Krankheiten oder Verletzungen physischer oder psychischer Art entstanden. Auch in unserem zukünftigen Leben werden belastende Erlebnisse und Situationen immer wieder störend auf uns einwirken.

Deshalb ist die natürliche Bewegungsorganisation weniger ein Ziel, das es zu erreichen gilt, als vielmehr eine Orientierung, um die eigene Bewegungsorganisation immer wieder neu zu optimieren.

Die natürliche Bewegungsorganisation bei kleinen und bei großen Leuten

Wer schon einen Säugling in seinen Armen gehalten hat (s. **Abb. 2–1**), erinnert sich vielleicht an diesen weichen, von seiner Atembewegung belebten Körper.

Babys haben meist eine natürliche Bewegungsorganisation. Ihr Körper ist optimal ausgerichtet und belebt von den inneren Bewegungen. Besonders gut von außen zu beobachten ist die Atembewegung, welche sich wellenartig durch den ganzen Körper ausbreitet.

Das Ziel ihres Daseins ist es, die elementaren Bedürfnisse wie körperliche Nähe, Nahrung und Wärme zu befriedigen. Ihre Aufmerksamkeit ist stark nach innen gerichtet.

Bei Kleinkindern verbindet sich diese innere Aufmerksamkeit bereits mit dem wachen Blick nach außen. Sie wollen die Welt entdecken. Der kleine Käfer am Straßenrand wird für sie zum Erlebnis. Das Kleinkind widmet sich seinem Tun, bewahrt dabei aber die Balance zwischen innen und außen. Es ruht in sich und steht gleichzeitig in einer lebendigen Beziehung zur Umwelt (s. **Abb. 2–2**).

Abbildung 2–2: Kleinkinder verbinden die innere Ruhe mit der äußeren Aufmerksamkeit.

Bei Kleinkindern zeigt sich die natürliche Bewegungsorganisation in der leichten Art zu stehen, zu sitzen, wie sie in sich ruhen und mit wachen Sinnen die Welt wahrnehmen. Ihr Körper bleibt auch gut ausgerichtet, wenn sie sich bewegen, einen Stuhl tragen, sich zum Boden bücken.

Doch nicht nur Babys und Kleinkinder verfügen über eine natürliche Bewegungsorganisation. Auch Erwachsene können mit müheloser, harmonischer Körperhaltung und effizienten, geschmeidigen Bewegungen durchs Leben gehen.

 Beim Beobachten anderer Menschen können wir viel über uns lernen. Sie können uns anregen, die eigene Bewegungsorganisation zu prüfen.

Was lässt die Bewegungen eines Menschen leicht und anmutig, was schwerfällig und ungelenk wirken?

2.3
Merkmale einer natürlichen Bewegungsorganisation

Das Hauptmerkmal der natürlichen Bewegungsorganisation ist die Ausrichtung des Körpers im Raum (s. **Abb. 2–3**).

 In der natürlichen Bewegungsorganisation ist der Körper in die Länge und Weite ausgerichtet.

Ist der Körper gut im Raum ausgerichtet, hat er den Raum, den er braucht, damit der Organismus sowohl im Ruhezustand wie auch in der Bewegung gut funktionieren kann.

Bei Pflanzen lässt sich dieses Ausrichten im Raum sehr schön beobachten. Blätter und Blüten entfalten sich und erlangen so ihre volle Größe (s. **Abb. 2–4**).

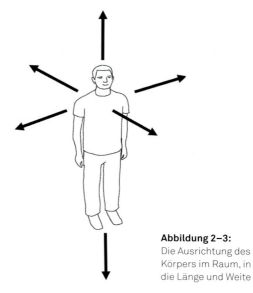

Abbildung 2–3:
Die Ausrichtung des Körpers im Raum, in die Länge und Weite

Abbildung 2–4:
Die Blumenblüte entfaltet sich im Raum.

Der Mittelteil und die Bewegungsorgane

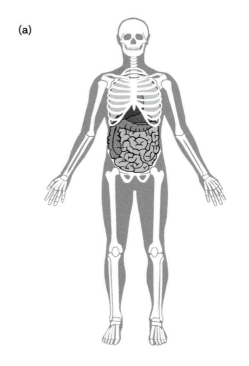

(a)

Schauen wir uns die räumliche Ausrichtung des menschlichen Körpers genauer an, erkennen wir als zentrale Struktur die Wirbelsäule mit ihren Endpolen, dem Becken und dem Schädel. Im Inneren des Schädels und der Wirbelsäule befindet sich das zentrale Nervensystem mit dem Gehirn und dem Rückenmark. Um die Wirbelsäule herum sind die inneren Organe wie das Herz-Kreislauf-System, die Atem-, die Verdauungs- und Geschlechtsorgane angeordnet. Becken, Wirbelsäule, Rippen und Schädel stützen und schützen die lebenswichtigen Organe, geben ihnen den Raum, damit sie optimal funktionieren können (s. **Abb. 2–5a**). Zusammen mit den inneren Organen und der umgebenden Muskulatur bildet diese Knochenstruktur den Mittelteil unseres Körpers.

 Der Mittelteil umfasst die lebenswichtigen Organe. Becken, Wirbelsäule, Rippen und Schädel stützen und schützen sie. Die Bewegungsorgane Beine, Arme und Unterkiefer fügen sich von der Seite an den Mittelteil an.

(b)

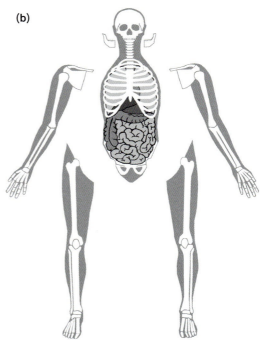

Arme, Hände, Beine, Füße und Unterkiefer unterscheiden sich in ihrer Funktion vom Mittelteil. Sie sind unsere Bewegungsorgane. Die Beine und Füße dienen der Fortbewegung und Positionierung des Körpers im Raum, die Arme und Hände handeln, greifen, gestalten. Bewegt sich der Unterkiefer, entstehen Worte, oder er kaut Nahrung.

Schiebt man die beiden Hälften des Unterkiefers auseinander, erkennt man die anatomische Ähnlichkeit mit den Armen und Beinen. Auch sie kommen von der Seite an den Mittelteil (**Abb. 2–5b**).

Die Unterscheidung von Mittelteil und Bewegungsorganen heißt aber nicht, dass der Mit-

Abbildung 2–5a und b: Der ganze Körper mit den inneren Organen (a), Mittelteil und Bewegungsorgane getrennt (b)

telteil nicht auch beweglich wäre, im Gegenteil. Die Wirbelsäule im Zentrum des Mittelteils vereint in beeindruckender Weise die Stützfunktion mit der Beweglichkeit.

Diese Sichtweise auf den Körper bringt Klarheit in die Bewegungsorganisation, indem sie den beiden Bereichen ihre Aufgaben zuteilt, d.h. vor allem den Mittelteil von unnötigen Bewegungsaufgaben entlastet. Zwei Beispiele sollen dies verdeutlichen: Beim Aufheben eines Gegenstandes vom Boden, ist es die Aufgabe der Fuß-, Knie- und Hüftgelenke, sich zu beugen; der Mittelteil neigt sich zwar nach vorne, behält aber seine räumliche Ausrichtung in die Länge und Weite bei. Die Arme bewegen die Hände zum Gegenstand hin, die Hände ergreifen ihn. Häufig lässt sich jedoch ein anderes Bewegungsmuster beobachten. Die Beine bleiben gestreckt, der Mittelteil krümmt sich nach vorne und unten und verliert damit seine Ausrichtung. Der Rücken wird unnötig belastet.

Beim Sprechen öffnet und schließt sich der Mund, indem sich der Unterkiefer in den Gelenken bewegt. Der Schädel, welcher zum Mittelteil gehört, bleibt ruhig, in seiner Ausrichtung ungestört. Erfolgt die Trennung zwischen Schädel und Unterkiefer nicht so klar, öffnet sich der Mund nicht nur mit der Bewegung des Unterkiefers, sondern auch mit einem Nachhinten-Kippen des Schädels. Dabei verengen sich die Atemwege, und das Sprechen ist beeinträchtigt.

Das Verhältnis von Hals und Schädel

F. M. Alexander entdeckte die zentrale Bedeutung der Körperausrichtung für das optimale Funktionieren seines Organismus, als er nach der Ursache für seine Stimmprobleme suchte. Er stellte dabei fest, dass er auf der Bühne, ohne es zu wissen und zu wollen, seinen ganzen Körper anspannte. Er krallte die Zehen zusammen, machte die Beine steif und spannte die ganze Rumpfmuskulatur an. Durch das unbewusste Zusammenziehen der Halsmuskulatur verengte er seine Atemwege so sehr, dass er heiser wurde. Als es ihm nach langem Üben gelang, sich von diesem Spannungsmuster im Hals zu befreien, bemerkte er, wie sich die Entspannung nicht nur auf den Hals, sondern auf den ganzen Körper auswirkte. Er verlor seine Steifheit, die Atmung wurde freier. Die Zehen versuchten nicht mehr, sich am Boden festzukrallen. Der Körper hatte mehr zu seiner natürlichen Bewegungsorganisation gefunden.

Die Gelenke zwischen den obersten Halswirbeln (Axis und Atlas) und dem Schädel sind auch die obersten Gelenke des ganzen Körpers. Jedes Bewegen und Anspannen im Körper wirkt sich auf die kurze Nackenmuskulatur (s. **Abb. 2–6**) aus. Für die Bewegungssteuerung wie für die Funktionsfähigkeit des Organismus sind diese Muskeln von großer Bedeutung. In ihnen befinden sich überdurchschnittlich viele Rezeptoren. Sie melden dem Gehirn den Spannungszustand der entsprechenden Muskelfasern. Mit Hilfe dieser Informationen reguliert das Gehirn die Körperspannung, steuert das Gleichgewicht und reguliert das Kreislaufsystem.

Die kurzen Nackenmuskeln arbeiten auch mit dem Geruchs-, Hör- und Sehsinn zusammen. Hören wir ein Geräusch oder nehmen einen Geruch wahr, so leiten die kurzen Nackenmuskeln die Bewegung des Schädels ein, um die Quelle dieser Informationen zu orten. Beim Sehsinn tun sie dasselbe, dienen zusätzlich aber auch der Bildstabilisierung, wenn wir beim Schauen den Kopf bewegen.

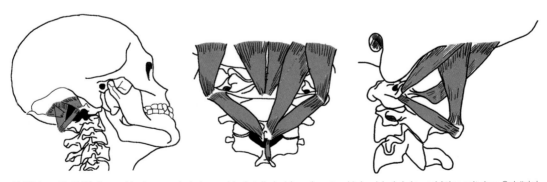

Abbildung 2–6: Die kurze Nackenmuskulatur verbindet die beiden obersten Halswirbel, Axis und Atlas mit dem Schädel (nach Kapandji 1974).

Abbildung 2–7: Die Atembewegungen durchfließt den ganzen Körper.

Die Atembewegung

Die Atmung bewegt den Körper von innen. Diese Bewegung ist an der Körperoberfläche spürbar.

Die Arbeit des Zwerchfells und der Zwischenrippenmuskulatur vergrößert und verkleinert das Volumen der Lunge. Diese Atembewegung breitet sich wellenartig im ganzen Körper aus (**Abb. 2–7**). Sie ist im Bauch bis hinunter zum Schambein, im Rücken bis zum Steißbein und auch in der Beckenbodenmuskulatur spürbar. Ist die Muskulatur im Bauch, im Rücken oder in der Beckenbodenmuskulatur jedoch unnötig angespannt, so verschwindet die Atembewegung.

Die fehlende Atembewegung ist ein guter Indikator für Störungen der Bewegungsorganisation, seien es Fehlhaltungen, unnötige Anspannungen, unangebrachte Vorstellungen über den eigenen Körper oder Stressreaktionen.

Abbildung 2–8: Der Gepard im vollen Lauf vereinigt die Ausrichtung des Mittelteils, vom Schädel bis zum Schwanz, mit der kraftvollen Bewegung der Beine.

Die leichten und koordinierten Bewegungen

Ist der Mittelteil gut ausgerichtet, so bewegen sich die Beine, Arme und der Unterkiefer effizient und ohne unnötige Anstrengung. Die Bewegungen sind gut koordiniert, sodass sich die einzelnen Körperteile gegenseitig optimal unterstützen (**Abb. 2**-8).

Umgekehrt stört eine schlechte Ausrichtung des Mittelteils die Beweglichkeit: Der Unterkiefer kann sich nicht mehr frei bewegen, wenn wir den Kopf einziehen. Die Arme lassen sich in den Schultergelenken nicht ganz nach oben drehen, wenn die Brustwirbelsäule zu stark gekrümmt ist. Die Beweglichkeit der Beine ist eingeschränkt, wenn wir zu viele Spannungen im unteren Rücken und im Becken haben.

Abbildung 2–9: Die Gazelle ist wachsam. Ihre Sinne nehmen jedes Anzeichen von Gefahr wahr.

Die Wachheit der Sinne

Wenn wir gut sehen, hören und riechen wollen, richten wir den Körper auf und bringen den Kopf nach oben in eine ausgerichtete Position. Auf diese Weise nehmen unsere Sinne die Umgebung besser wahr. Sie versorgen unser Gehirn mit den nötigen Informationen für situationsgerechtes Verhalten. Wir sind wach, präsent und bereit, im Moment zu reagieren.

Die Wachheit der Sinne war für unsere in der Natur lebenden Vorfahren überlebenswichtig (**Abb. 2–9**). Wer mit seinen Sinnen keine Nahrung finden und Bedrohungen nicht rechtzeitig erkennen konnte, hatte ein kurzes Leben.

Das Vertrauen in die eigene Fähigkeit, in jeder Situation adäquat reagieren zu können, reduziert die Angstbereitschaft und bringt mehr innere Ruhe und Gelassenheit.

Mit offenen Sinnen in der Welt zu sein, heißt auch, neugierig sein, bereit für neue Erfahrungen.

2.4
Störungen der Bewegungsorganisation

Was sind Störungen?

Wenn der Körper seine Ausrichtung verloren hat, zieht er sich als Ganzes oder in einzelnen Bereichen zusammen. Dies beeinträchtigt das Funktionieren des Organismus (z.B. Beweglichkeit der Gelenke, Atmung, Verdauung) und belastet den Bewegungsapparat unnötig. Sie werden in diesem Buch die verschiedensten Formen solcher Störungen kennen lernen.

Auf den folgenden Seiten ein paar typische Beispiele für eine gestörte Bewegungsorganisation (a) und eine natürliche Bewegungsorganisation (b).

(a) (b)

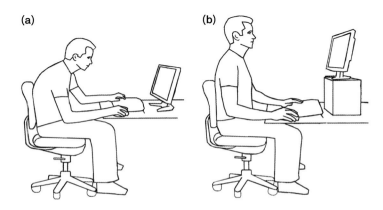

Abbildung 2–10a und b: Beim Arbeiten am Bildschirm ist oft eine schlechte Körperhaltung zu Beobachten (a). Ein ergonomisch optimierter Arbeitsplatz unterstützt die Aufrichtung des Körpers (b).

(a) (b)

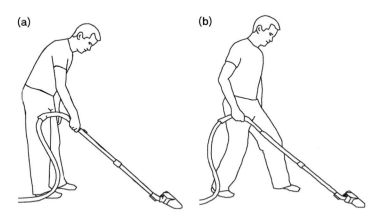

Abbildung 2–11a und b: Der nach vorne gebeugte Mittelteil führt zu einer unnötigen Belastung des Rückens (a). Staubsaugen kann man mit aufgerichtetem Mittelteil, indem man im Schritt und leicht gebeugten Knien steht (b).

(a)
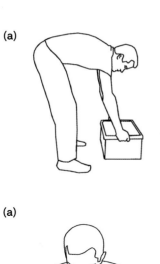

(b)

Abbildung 2–12a und b: Das Hochheben einer Last mit gestreckten Beinen belastet den Rücken unnötig und behindert die Atembewegung (a). Bleibt der Mittelteil ausgerichtet und werden die Knie gebeugt, so wird die Belastung des Rückens minimiert und die Funktion der inneren Organe nicht gestört (b).

(a)

(b)
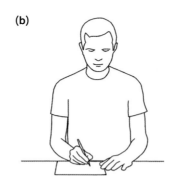

Abbildung 2–13a und b: Schreiben wir mit nach vorne geneigtem Mittelteil, verspannt sich die Rücken- und Nackenmuskulatur, und die Atembewegung wird behindert (a). Bleibt der Mittelteil dagegen aufgerichtet, entfallen diese Störungen (b).

(a)
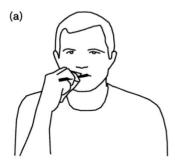

(b)
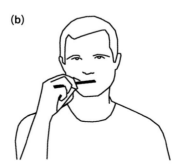

Abbildung 2–14a und b: Mit hochgezogenen Schultern die Zähne zu putzen, bedeutet ein unnötiges Anspannen der Schulter- und Nackenmuskulatur (a). Beim Zähneputzen können die Schultern entspannt auf den Rippen liegen bleiben (b).

(a)
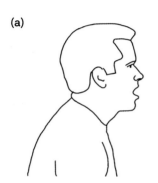

(b)

Abbildung 2–15a und b: Verengt die Atemwege und behindert das Sprechen: der zusammengezogene Nacken (a). Ein freier, langer Nacken lässt die Atemwege offen und hindert nicht beim Sprechen (b).

Der Körper – ein zusammenhängendes System

Sehgewohnheiten wirken sich auf die Position des Schädels aus. Wer mit den Augen zu den Objekten geht, statt dass er die visuellen Informationen von den Objekten zu sich kommen lässt, schiebt den Schädel auf den Halswirbeln nach vorne – die Ausrichtung der Wirbelsäule ist gestört.

Unnötige Muskelspannung in einzelnen Regionen wie Unterkiefer, Schultern, Nacken, unterer Rücken oder Zehen wirkt sich automatisch auf die anderen Regionen aus, behindert die Bewegung der Gelenke und stört die Koordination.

Die Ursache einer Störung kann demnach an einem ganz anderen Ort liegen als dort, wo sie wahrgenommen wird. So können Schmerzen im unteren Rücken ihre Ursache in der Fußstellung haben, Schmerzen im Arm in der schlechten Ausrichtung von Brust- und Halswirbelsäule. Deshalb ist es beim Erlernen neuer Bewegungsprogramme wichtig, den ganzen Körper, ja den ganzen Menschen im Auge zu behalten.

Verändert man die Fußstellung, wirkt sich dies auf die ganze Körperhaltung aus. Die Beine drehen sich in den Hüftgelenken und verändern die Stellung des Beckens. Das Becken als Fundament der Wirbelsäule bestimmt die Form der Wirbelsäulenkrümmungen und so letztlich auch, wie der Schädel auf dem obersten Halswirbel liegt.

 Durch mein jahrelanges Tanztraining hatte ich so starke Knieprobleme, dass ich manchmal kaum mehr gehen konnte. Die Alexander-Technik lehrte mich, dass diese Probleme einen Zusammenhang mit der Position des Kopfes haben. So-bald meine Knieprobleme wieder auftauchten, veränderte ich die Ausrichtung von Hals und Schädel. Die Beschwerden verschwanden.

Störungen werden zu einem Problem für die Gesundheit

Störungen können Teil unserer gewohnten Selbstwahrnehmung werden und aus unserem Bewusstsein verschwinden. Wir leben mit ihnen, ohne sie zu beachten. Erst wenn sich daraus Rücken- oder Nackenschmerzen, Probleme in den Schultern oder Knien usw. entwickeln, zwingen sie uns zum Handeln. Wir greifen zu Heilmitteln oder gehen zum Arzt. Oder wir stellen beim Blick auf eine Foto mit Schrecken fest, wie sich unsere Körperhaltung verändert hat, wie die Brustwirbelsäule gekrümmt, die Schultern hochgezogen oder der Hals schief geworden ist. Dann wünschen wir uns einen gut ausgerichteten, entspannten Körper zurück.

Vom Baby zum Erwachsenen – wie Störungen im Laufe eines Lebens entstehen

Wir kommen nicht als unbeschriebenes Blatt zur Welt. Die Gene unserer Vorfahren und die Zeit, die wir im Bauch unserer Mutter verbrachten, haben unser Wesen bereits geformt. So können schon Babys Störungen der Bewegungsorganisation zeigen. Meistens verfügen sie jedoch über einen gut organisierten Körper, der frei ist von unnötigen Anspannungen.

Kleinkinder bewegen sich in der Regel gut koordiniert. Jedes Kind lernt neue Bewegungen in seinem eigenen Tempo. Es macht Fortschritte, wenn die Zeit dazu reif ist. Wird es in seiner Bewegungsentwicklung forciert oder in seinem Bewegungsbedürfnis eingeschränkt, kann dies seine Bewegungsorganisation beeinträchtigen.

Wird ein Kleinkind mit emotionalen Situationen belastet, mit denen es nicht umgehen kann (Angst, Stress), so kann dies zu einem angespannten Körper und schlecht koordinierten Bewegungen führen. Mit wachsendem Bewusstsein für die eigene Person wirken auch Umwelteinflüsse auf das Kind ein. Kinder ahmen alles nach, nicht nur Haltungen und Bewegungen. Sie übernehmen auch die Denkgewohnheiten, das emotionale Verhalten und die Stressmuster ihrer Umgebung.

Kommt das Kind zur Schule, sitzt es zu viel und sollte den gestellten Anforderungen genügen. Für ein bereits überlastetes, schlecht koordiniertes Kind bedeutet dies Zusatzstress, welcher seine Bewegungsorganisation weiter stört.

Das Schulkind versucht Fehler zu vermeiden, es darf nicht mehr seiner Natur entsprechend ausprobieren, experimentieren, selber entdecken. Es muss Dinge lernen, für die es sich im Moment gar nicht interessiert. Es kommt zu einer Spaltung zwischen den inneren Bedürfnissen und dem äußeren Tun.

Bei Pubertierenden findet das Suchen nach der eigenen Persönlichkeit seinen Ausdruck in der Körperhaltung und den Bewegungen. Sie versuchen, die eigene Unsicherheit hinter der zur Schau gestellten Coolness zu verbergen. Gleichzeitig verändert sich ihr Körper innerhalb kurzer Zeit sehr stark in seiner Größe, den Proportionen und den Maßen. Die Bewegungen werden dadurch ungelenk und schlaksig. Es dauert zwei bis fünf Jahre, bis sich die Jugendlichen an ihren veränderten Körper gewöhnt und zu einer guten Koordination zurückgefunden haben.

Im Berufsalltag verbringen wir oft viel Zeit in immer gleichen Körperhaltungen, häufig im Sitzen (z. B. vor einem Bildschirm), aber auch im Stehen (z. B. im Verkauf). Sehr ausgeprägt ist dies bei Zahnärzten, die sich über den Patienten beugen müssen oder bei Musikern, die

stundenlang mit ihrem Instrument üben. Ebenfalls sehr belastend wirken sich repetitive Bewegungen und das Tragen von schweren Lasten aus oder das Arbeiten in verdrehter Körperhaltung. Auch Haushaltsarbeiten hinterlassen bei schlechter Bewegungsorganisation Spuren im Körper wie zum Beispiel eine gekrümmte Brustwirbelsäule.

Mütter kleiner Kinder sind besonders gefährdet, sich schlechte Bewegungs- und Haltungsmuster anzueignen. Sich zum Kind hinunter beugen, es seitlich auf dem Becken tragen oder vom Boden hochheben, sind Herausforderungen für die Bewegungsorganisation. Vor lauter Aufmerksamkeit für das Kind kann die Aufmerksamkeit für sich selbst verloren gehen.

Auch kulturell geprägte Vorstellungen vom Körper üben ihren Einfluss aus. Vorstellungen von Schönheit, wie sie Medien und Werbung verbreiten, werden zu einem Teil des Körperbildes. Kleider, Schuhe, Frisur, Kosmetik bis hin zur Schönheitsoperation gehören heute zum Katalog kultureller Anpassung. Models auf dem Laufsteg, Schauspieler, Sänger und Musiker im Videoclip führen Körperhaltungen und Bewegungsmuster vor. Junge Männer ahmen mit hängenden Schultern und breitbeinigem Gang ihre Musikidole nach. Junge Frauen versuchen, wie Models zu gehen.

Körperliche Spuren hinterlassen auch Verletzungen durch Unfälle und Beeinträchtigungen durch Krankheiten. Um Schmerzen zu vermeiden, spannen wir Muskeln an, nehmen bestimmte Körperhaltungen ein und unterlassen gewisse Bewegungen. Ohne es zu bemerken, behalten wir solches Schonverhalten sogar bei, wenn die Verletzungen und Krankheiten längst ausgeheilt sind.

Stress führt zu einer Reihe von Körperreaktionen wie übermäßig angespannte Muskulatur, schlechte Körperhaltung, mangelhafte Bewegungskoordination und beeinträchtigte Funktionsfähigkeit der inneren Organe bis hin zu emotionalen Störungen und zum Burn-out-Syndrom.

Bewegungsmangel ist ein zunehmendes Problem unserer heutigen Lebensweise. Im Unterschied zu unseren Vorfahren müssen wir uns kaum mehr bewegen, um zu überleben. Kinder sitzen und liegen stundenlang vor Bildschirmen. Wege zur Schule, zur Arbeit, zum Einkaufen werden mit dem Auto zurückgelegt. Arbeitsprozesse, die mit Bewegung verbunden waren, wurden automatisiert oder ausgelagert. Durch diese Entwicklung leidet die körperliche Fitness, und die Zahl übergewichtiger Menschen steigt stark an. Unbewegte Körper verlieren aber auch ihre Bewegungsintelligenz, d.h. die Bewegungsprogramme in unserem Gehirn verkümmern.

3
Wie das Gehirn lernt

3.1
Hirnteile und ihre Funktionen bei der Bewegungssteuerung

Das zentrale Nervensystem (s. **Abb. 3–1**) besteht aus verschiedenen Teilen: Großhirn, Zwischenhirn, Kleinhirn, Hirnstamm und Rückenmark.

Großhirn

Das Großhirn, der entwicklungsgeschichtlich jüngste Teil unseres Gehirns ist in eine rechte und eine linke Hälfte unterteilt. Seine Oberfläche besteht aus Windungen und Furchen, welche für eine große Fläche der Großhirnrinde sor-

gen. Die Funktionen der Grosshirnrinde, auch Cortex genannt, sind unserm Bewusstsein zugänglich. In der Tiefe des Großhirns finden sich das limbische System und die Basalganglien.

- Großhirnrinde
  - sensorische, motorische und kognitive Funktionen
  - Gedächtnis
- Basalganglien
  - Feinabstimmung der Bewegung
- Limbisches System (auch emotionales Erfahrungsgedächtnis genannt; s. **Abb. 3–2**)
  - Entwicklung von Emotionen und Motivation
  - Steuerung von Verhaltensweisen, Instinkte.

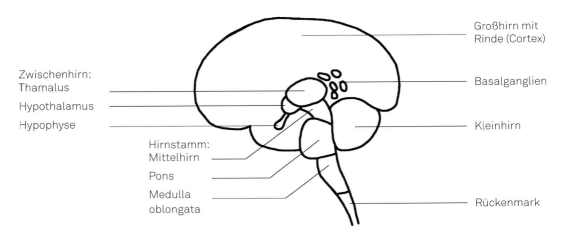

Abbildung 3–1: Gehirn schematisch (nach Schellhammer 2002 und Roth 2007)

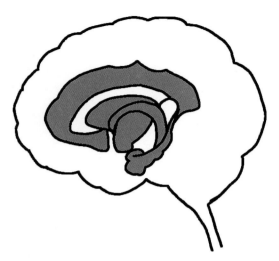

Abbildung 3–2: Längsschnitt durch das Gehirn. Das emotionale Erfahrungsgedächtnis ist grau eingefärbt (nach Roth 2007).

Zwischenhirn

- Thalamus
  - „Das Tor zum Bewusstsein" verarbeitet sensorische Informationen, die zur Großhirnrinde gehen, und motorische Reize, die vom Großhirn in andere Hirnareale und in den Körper geleitet werden.
- Hypothalamus
  - reguliert das autonome Nervensystem
  - steuert über die Hypophyse die Hormonabgabe.

Kleinhirn

- Koordination von Bewegungsmustern
- Feinabstimmung von Kraft und Bewegung
- Koordination von Kopf- und Augenbewegung
- Planung der Bewegung
- motorisches Lernen
- Gleichgewicht.

Hirnstamm

- Mittelhirn
  - Kontrolle der Augenbewegungen
  - Kontrolle der Skelettmuskulatur, vor allem für die Körperhaltung
- Pons
  - vermittelt Informationen von Bewegungen zwischen Kleinhirn und Großhirnrinde
- Medulla oblongata
  - vegetative Regulation von Atmung, Blutzirkulation, Verdauung.

Rückenmark

- Leitung von sensorischen und motorischen Informationen
- Reflexe.

3.2
Neuroplastizität – Das Gehirn ist eine Baustelle

Menschen und Tiere verfügen im Gegensatz zu ortsgebundenen Organismen wie Pflanzen über Gehirne. Während sich die Umgebung von Pflanzen nicht groß verändert, müssen sich fortbewegende Organismen ständig der veränderten Umgebung anpassen. Aus diesem Grund haben diese Organismen Gehirne entwickelt, um sehr schnell aus Erfahrungen lernen zu können. Die Gehirne bewerten Erfahrungen und speichern diese zusammen mit der Bewertung ab. Kommen sie in eine ähnliche Situation, greifen sie auf diesen Erfahrungsschatz zurück und passen ihr Verhalten entsprechend an.

Die Hauptfunktion des menschlichen Gehirns ist es, den Körper und damit auch sich selbst am Leben zu erhalten, ihn zu bewegen, mit Nahrung zu versorgen und ihn vor Gefahren zu schützen. Dazu besitzt es Systeme für die Wahrnehmung (Sensorik), die Bewegungssteuerung (Motorik) sowie die emotionale und kognitive Bewertung und Verhaltenssteuerung (Roth 2007, S. 52f).

Um diese Funktionen zu erfüllen, verfügt das Gehirn über Steuerprogramme, welche sich ständig den neuen Anforderungen des Lebens anpassen. Unser Gehirn lernt durch Erfahrungen. Es speichert sie, indem sich die Nervenzellen untereinander neu verknüpfen. Die so gespeicherten Informationen nutzt es später für die Verhaltenssteuerung. Durch diese Lernprozesse wird das Gehirn dauernd umgebaut. Die Bautätigkeit ist in der Kindheit am intensivsten und erlebt in der Pubertät noch einmal einen Höhepunkt, geht aber während des ganzen Lebens weiter. Die Hirnforschung nennt diese Lernfähigkeit unseres Gehirns Neuroplastizität.

Unser Gehirn besteht aus 100 Milliarden Nervenzellen (Neuronen). Sie sind miteinander vernetzt (s. **Abb. 3-3**) und befinden sich in ständigem Informationsaustausch. Wenn wir durch eine neue Erfahrung etwas lernen, verbinden sich Neuronen zu Netzwerken (s. **Abb. 3-4a** und **b**), wobei einzelne Neuronen mit bis zu 10 000 anderen Neuronen in verschiedenen Gehirnregionen in Kontakt treten.

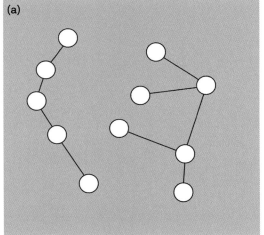

(a)

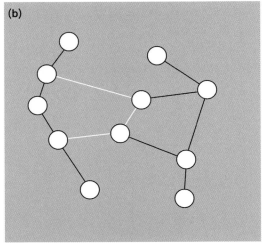

(b)

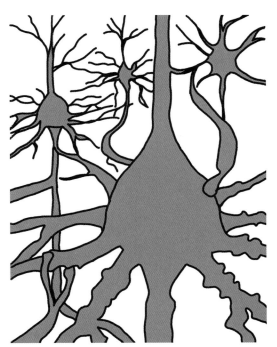

Abbildung 3–3: Nervenzellen bilden miteinander Netze und speichern so Informationen ab.

Abbildung 3–4a und b: Dieses Schema stellt eine Neuronengruppe vor (a) und nach der Abspeicherung einer neuen Erfahrung (b) dar.

3.3
Leben heißt lernen

Lernen heißt neugierig sein, offen sein für neue Erfahrungen, immer wieder neue Herausforderungen annehmen – sich also aktiv weiter entwickeln.

 Das Baby liegt auf dem Bauch. Es ist neugierig und will den kleinen Ball ergreifen, der vor ihm auf dem Boden liegt. Mit den Fingern versucht es, den Ball zu berühren, doch er ist zu weit weg. Deshalb macht es einen nächsten Versuch mit der anderen Hand. Durch dieses abwechselnde Strecken beider Arme entdeckt das Baby die Vorwärtsbewegung in der Bauchlage. Es robbt. Sein Gehirn lernt, das Armstrecken mit dem Robben zu verbinden. Liegt das nächste Mal ein Gegenstand außerhalb der Reichweite seiner Hände, aktiviert das Gehirn die Erfahrung des Vorwärtsrobbens als Steuerprogramm.

Wir kommen zur Welt, wachsen und werden älter. Unser Beziehungs- und Berufsumfeld, unsere Freizeitgestaltung wandeln sich und fordern uns heraus, immer wieder neue Verhaltensweisen zu entwickeln.

Die Art, wie wir unser Gehirn gebrauchen, wirkt sich auf seine Struktur aus. Der Hirnforscher Gerald Hüther beschreibt dies mit einem eindrücklichen Bild. Er vergleicht das Gehirn mit einem Straßennetz. Viel frequentierte Straßen werden zu Autobahnen ausgebaut, andere zu Verbindungs- und Nebenstraßen, wenig benutzte bleiben Feldwege oder gar Trampelpfade. Werden die Pfade nicht mehr begangen, so wachsen sie zu. Ähnlich verhält es sich mit unserem Gehirn. Verhaltensweisen, die wir oft aktivieren, sind in stark ausgebauten Netzen abgespeichert, sind neuronale Autobahnen. Verhalten wir uns nur noch innerhalb unserer vertrauten Gewohnheiten, so verkümmern die anderen Straßen und Wege. Suchen wir jedoch immer wieder neue Erfahrungen, entwickelt sich ein vielfältiges, feinverästeltes Wegsystem. Dadurch können wir unter verschiedenen Wegen auswählen, statt immer über die Autobahn fahren zu müssen (Hüther 2003, S. 9 ff.).

Das Bild der neuronalen Straßenkarte ist eine Aufforderung, sich nicht zu stark von den eigenen Gewohnheiten steuern zu lassen, sondern den Autopiloten auszuschalten und bewusst das eigene Verhalten zu steuern. Das heißt auch, sich immer wieder neuen Herausforderungen zu stellen und ein Leben lang neugierig zu bleiben. Die Lernfähigkeit unseres Gehirns schenkt uns Lebendigkeit.

3.4
Das Gedächtnis

Um die verschiedenen Gedächtnisleitungen unseres Gehirns zu beschreiben, unterscheidet man verschiedene Gedächtnissysteme.

Das unbewusste Gedächtnis

Das unbewusste Gedächtnis ist zuständig für folgende Informationen und Funktionen:
- Fertigkeiten und Gewohnheiten wie z. B. automatisierte Bewegungen
- unbewusste Wahrnehmung und sämtliche Sinnesreize, die das Bewusstsein nicht erreichen
- klassische Konditionierungen (automatische Verbindungen von Reizen mit Reaktionen).

Automatisierte Bewegungen – und dies sind die meisten unserer Bewegungen – werden durch unbewusste Programme gesteuert. Nur wenn wir uns sehr langsam bewegen, können wir diese bewusst kontrollieren. Wir lenken unsere Aufmerksamkeit auf die Körperwahrnehmung und nutzen diese laufend für die Steuerung der weiteren Bewegung. Aber auch so können wir nicht jedem Muskel Befehle geben. Diese Feinsteuerung müssen wir der Automatik überlassen.

Die bewusste Wahrnehmung und das bewusste Entscheiden sind viel zu langsam, um die bei der Bewegungssteuerung anfallenden Informationen zu verarbeiten. Wir wären völlig überfordert, müssten wir den einzelnen Muskeln Steuerbefehle geben. Wir kämen morgens wahrscheinlich gar nicht aus dem Bett.

Die zweite Funktion des unbewussten Gedächtnisses, welcher wir in diesem Buch begegnen werden, ist die klassische Konditionierung. Der russische Mediziner und Physiologe Iwan Pawlow führte zu Beginn des 20. Jahrhunderts sein berühmtes Hundeexperiment durch. Immer wenn er seinem Versuchshund Futter anbot, ertönte ein Glockenton. Der Hund gewöhnte sich so sehr an diese Verbindung von Fressen und Glockenton, dass ihm der Speichel im Mund auch dann zusammenlief, wenn er lediglich den Glockenton hörte und er gar kein Futter bekam. Reiz und Reaktion, Glockenton und Speichelfluss hatten sich in seinem Gehirn miteinander verbunden. Die Reaktion trat automatisch ein – sie war konditioniert.

In Kapitel 7 „Mit Emotionen leben" (S. 79 ff.) werden wir uns mit der Konditionierung und ihrer Auflösung näher befassen.

Das bewusste Gedächtnis

Im bewussten Gedächtnis sind erinnerbare Informationen, wie Faktenwissen oder Erlebnisse, abgespeichert. Faktenwissen ist alles, was wir im klassischen Sinn gelernt haben, etwa wie viel 3 mal 9 ergibt oder wie die Hauptstadt von Italien heißt. Erlebnisse sind zum Beispiel der letzte Urlaub am Meer, der Geruch von Flieder im Frühling oder was Sie zu Mittag gegessen haben.

Das unbewusste und das bewusste Gedächtnissystem sind zwar Systeme mit unterschiedlichen Funktionen, doch sie lassen sich miteinander verknüpfen. So können wir unbewusste Bewegungsprogramme mit anatomischem Wissen, Vorstellungen oder Erlebnissen verbinden. In der Alexander-Technik nutzen wir diesen Umstand für das Neuprogrammieren der Bewegungssteuerung und das Aktivieren der neuen Programme im Alltag.

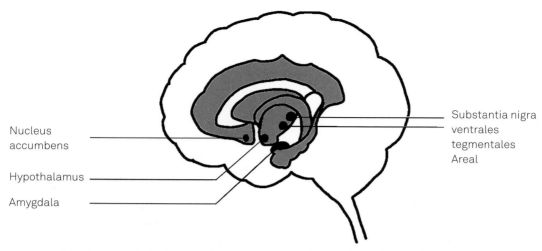

Nucleus
accumbens

Hypothalamus

Amygdala

Substantia nigra
ventrales
tegmentales
Areal

Abbildung 3–5: Längsschnitt durch das Gehirn mit den wichtigen Hirnstrukturen (schwarz) des emotionalen Erfahrungsgedächtnisses (grau)

Das emotionale Erfahrungsgedächtnis

Im emotionalen Erfahrungsgedächtnis entstehen unsere körperlichen Bedürfnisse, Affekte und Gefühle. In ihm sind die Erfahrungen abgespeichert, die uns zu unserem Verhalten motivieren und die unsere Emotionen bestimmen. Es beinhaltet mehrere Hirnstrukturen (s. **Abb. 3–5**). Wir wollen uns hier auf den Hypothalamus, die Amygdala und das mesolimbische System beschränken.

Der Hypothalamus ist das wichtigste Kontrollzentrum für die biologischen Grundfunktionen wie Nahrungs- und Flüssigkeitsaufnahme, Schlaf- und Wachzustand, Temperatur- und Kreislaufregulation, Angriffs- und Verteidigungsverhalten sowie das Sexualverhalten.

Die Amygdala ist zuständig für die furcht- und angstgeleitete Verhaltensbewertung. Das mesolimbische System, mit dem Nucleus accumbens, dem ventralen tegmentalen Areal und der Substantia nigra, ist ihr Gegenspieler. Es ist das Belohnungssystem, das die positiven Konsequenzen von Ereignissen oder unseres Handelns registriert und für die Motivation zuständig ist (Roth 2007, S. 45 ff.).

In Kapitel 7 „Mit Emotionen leben" (S. 71 ff.) werden die Funktionen der emotionalen Erfahrungsgedächtnisses ausführlich beschrieben.

Der präfrontale Cortex

Der präfrontale Cortex (s. **Abb. 3–6**) ist jener Teil der Grosshirnrinde, welcher direkt hinter der Stirn liegt. Er ist der Arbeitstisch für unser Denken – unser Arbeitsgedächtnis. Inhalte aus der Wahrnehmung, des Gedächtnisses, der Vorstellung und dem emotionalen Erfahrungsgedächtnis kommen dort für wenige Sekunden in unser Bewusstsein.

Die Verarbeitungskapazität des präfrontalen Cortex ist jedoch beschränkt, deshalb wird er nur aktiviert, wenn andere Hirnstrukturen mit ihren Aufgaben überfordert sind oder eine Aufgabe von besonderer Wichtigkeit oder Dringlichkeit vorliegt.

Mit dem präfrontalen Cortex lösen wir Probleme mithilfe bereits gemachter Erfahrungen. Diese werden aus dem Gedächtnis abgerufen und daraus Handlungsmöglichkeiten entworfen, geplant, gegeneinander abgewogen, verworfen. Entscheiden wir uns für eine Handlung, steuert und überwacht der präfrontale Cortex ihre Ausführung. Und wichtig: Wir entscheiden uns mit dem präfrontalen Cortex auch einem Handlungsimpuls *nicht* zu folgen.

Ausserdem ist er für vernünftiges, sozial adäquates Verhalten zuständig, verhandelt also emotionale und motivationale Aspekte. Emotionale Prozesse werden reguliert, indem Reaktionen gehemmt, abgeschwächt oder unter-

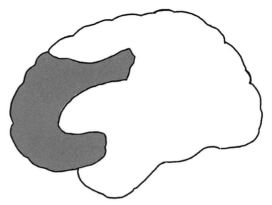

Abbildung 3–6: Längsschnitt durch die Großhirnrinde: präfrontaler Cortex grau markiert (nach Roth 2007).

drückt werden. So hilft er uns auch vernünftig mit Angst oder Wut umzugehen.

Der präfrontale Cortex ist im Vergleich zu anderen Hirnarealen erst spät voll entwickelt. Es kann bis zum Alter von 25 Jahren dauern, bis er ganz ausgereift ist. Doch auch danach lässt er sich weiter trainieren. Durch häufiges Meditieren vergrössert sich beispielsweise jener Teil, der für das Hemmen von Handlungsimpulsen zuständig ist. Das heisst, die Fähigkeit den Impuls für eine Handlung wahrzunehmen, ihm dann aber nicht zu folgen, nimmt zu. Mit dem bildgebenden Verfahren der funktionellen Magnetresonanztomographie konnte dieser Effekt, den sich auch die Alexander-Technik zu Nutze macht, nachgewiesen werden.

4
Den Körper wahrnehmen

4.1
Körperwahrnehmung und Selbstmanagement

Mit der Alexander-Technik können wir unsere Selbstorganisation, d.h. den Umgang mit Körper, Emotionen und Denken selbstbestimmt weiter entwickeln. Dabei ist die Wahrnehmung des Körpers und seiner Reaktionen von entscheidender Bedeutung, denn sie verrät uns viel über uns und unsere Beziehung zur Umwelt. Wir können diese Informationen für einen guten Umgang mit uns selbst, d.h. für ein körperorientiertes Selbstmanagement nutzen.

 Christine sitzt alleine im Büro. Ihre Arbeitskolleginnen sind alle schon nach Hause gegangen. Sie will unbedingt noch einen Bericht fertig schreiben. Aber es ist wie verhext. Immer wieder passieren ihr dumme Fehler. Und schließlich stürzt auch noch der Computer ab und löscht die Arbeit der letzten Stunde. Christine ist genervt. Sie lehnt im Stuhl zurück und bemerkt, wie ihr Nacken schmerzt. Ganz auf ihre Arbeit konzentriert, hatte sie sich selbst vergessen. Sie hat weder Pausen gemacht, noch ist sie aufgestanden, um sich zu bewegen oder etwas zu trinken. Während des Arbeitens saß sie mit gekrümmtem Rücken und mit nach vorne gestrecktem Kopf auf ihrem Stuhl. Ihre Atmung und Verdauung waren durch diese Körperhaltung in ihrer Funktion behindert. Die Nackenmuskulatur musste über lange Zeit mit viel Kraft arbeiten, um den Kopf in dieser nach vorne gestreckten Position zu halten. Doch Christine spürte ihren Körper nicht, denn sie war so in ihre Arbeit vertieft, getrieben von der Idee, ihren Bericht noch fertig zu schreiben.

Christine nimmt sich einen Moment Zeit. Sie hält inne und nimmt ihren Körper wahr. Sie hat schon den ganzen Tag gearbeitet und fühlt sich müde, spürt den verspannten Nacken. Sie hat Hunger und Durst.

Sie entscheidet sich, eine Pause einzulegen, macht einen kurzen Spaziergang und bringt so wieder mehr Sauerstoff in ihren Körper. Sie besorgt sich zu essen und trinken und setzt sich auf eine Parkbank. Sie genießt es, den Menschen im Park zuzuschauen. Dann legt sie sich noch eine Weile in der regenerativen Rückenlage (s. S. 99 ff.) auf die Bank, ruht sich aus. Erholt und gestärkt macht sie sich wieder an die Arbeit. Bevor sie weiter tippt, gibt sie ihrem Körper Ausrichtung in die Länge und Weite. Dabei richtet sie ihre Wirbelsäule auf, bringt den Kopf in die Körperachse. Sobald sie spürt, dass sich ihr Kopf wieder nach vorne schiebt, richtet sie ihren Körper neu aus. Zudem achtet sie auf die Atembewegung in Bauch und Becken. So organisiert, schreibt sie ihren Bericht in aller Ruhe fertig und genießt danach den Feierabend.

Die Basis für unsere Leistungsfähigkeit ist unser ganzer Körper. Allein mit dem Kopf und den Fingern kann Christine ihren Bericht nicht schreiben. Sie braucht dazu ihren ganzen Körper. Weil sie ihn nicht beachtet, seine Signale nicht wahrnimmt, bekommt sie Probleme. Ihre Rückenmuskulatur ist vom langen Sitzen müde, die Nackenmuskulatur verspannt, die Augen schmerzen, ihre Konzentrationsfähigkeit sinkt. Es unterlaufen ihr vermehrt Fehler.

Hätte Christine ihre Aufmerksamkeit immer wieder auf ihren Körper gelenkt, so hätte sie die Störungen in ihrer Bewegungsorganisation frühzeitig erkannt und entsprechend handeln können.

Die Körperwahrnehmung ist der Schlüssel zu einer guten Selbstorganisation. In diesem Kapitel erfahren Sie, wie die Körperwahrnehmung funktioniert und wie Sie diese verbessern können.

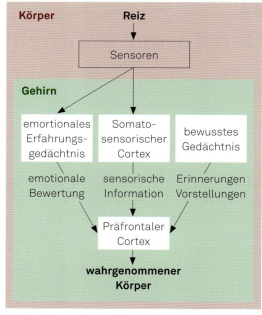

Abbildung 4–1: Der Prozess der Körperwahrnehmung

4.2
Der Prozess der Körperwahrnehmung

Unser wahrgenommener Körper ist das Produkt unseres Gehirns und kein Abbild, welches seine physikalischen Eigenschaften wie Größe, Lage und Bewegung im Raum, Druck, Temperatur usw. objektiv wiedergibt. Er ist eine Verschmelzung von sensorischen Informationen, Emotionen, Erinnerungen und Vorstellungen (s. **Abb. 4–1**).

Meistens nehmen wir unseren Körper gar nicht bewusst wahr. Unser Arbeitsgedächtnis ist mit anderen Dingen beschäftigt. Eine Körperempfindung muss sich erst in unser Bewusstsein drängen, damit wir sie wahrnehmen. Oder wir müssen uns bewusst entscheiden, den Körper zu beachten. Und auch dann nehmen wir nicht den Körper als Ganzes, sondern immer nur bestimmte Bereiche und Aspekte wahr.

Der Reiz wird zur Information

Am Anfang der Körperwahrnehmung stehen die somatosensorischen Reizempfänger. Dazu gehören die Sensoren

- des Bewegungsapparates (Bewegungs-, Positions- und Kraftsinn) in den Muskeln, Faszien, Sehnen und Gelenken
- an der Körperoberfläche
- in den inneren Organen und
- jene für die Druck-, Schmerz- und Temperaturempfindung.

Sie alle liefern unserem Gehirn Informationen über den Zustand unseres Körpers, indem sie einen Reiz in ein elektrisches Signal umwandeln. Dieses wird über Nervenfasern ins Rückenmark, von dort in den Hirnstamm und in den Thalamus geleitet. Der Thalamus fasst die Informationen der sensorischen Systeme zusammen, bevor er sie in die verschiedenen Bereiche des Großhirns weiterleitet.

Dort gelangen sie ins emotionale Erfahrungsgedächtnis und in den somatosensorischen Cortex, jenem Teil der Großhirnrinde, der für die Körperwahrnehmung zuständig ist.

 Die Sensoren in Christines Nackenmuskulatur erfassen deren Spannung.

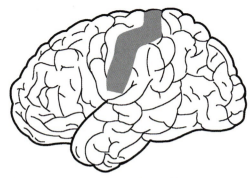

Abbildung 4–2: Seitenansicht Cortex. Der Somatosensorische Cortex ist grau markiert.

Die Information wird registriert

Der somatosensorische Cortex (s. **Abb. 4–2**) zieht sich quer über das Großhirn. In beiden Hirnhälften ist dort je die Hälfte des Körpers repräsentiert (s. **Abb. 4–3**). Dabei lassen sich grosse Unterschiede zwischen den einzelnen Bereichen des Körpers feststellen. So nehmen der Mund, Hände und Füsse sehr viel Platz ein, Bauch, Rücken, Beine und Arme dagegen eher wenig. Dies lässt Rückschlüsse auf die Bedeutung der Wahrnehmung der verschiedenen Bereiche für unsere Bewegungsorganisation zu.

Sind die sensorischen Informationen aus dem Körper im somatosensorischen Cortex angelangt, können wir sie in unser Bewusstsein holen.

 Die hohe Spannung in Christines Nackenmuskulatur wird in ihrem somatosensorischen Cortex registriert.

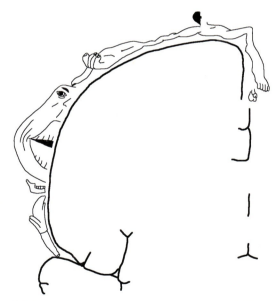

Abbildung 4–3: Querschnitt durch den somatosensorischen Cortex mit den Repräsentationen der verschiedenen Körperregionen

Die Information wird emotional bewertet

Das emotionale Erfahrungsgedächtnis vergleicht die somatosensorischen Informationen mit ähnlichen Erfahrungen aus der Vergangenheit, bewertet sie positiv oder negativ und lässt daraus die Motivation für unser Handeln entstehen.

 Im Vergleich mit der Erfahrung von entspannter Nackenmuskulatur bewertet Christines emotionales Erfahrungsgedächtnis den angespannten Zustand negativ. Diese Bewertung drängt zusammen mit den sensorischen Informationen in ihr Bewusstsein und verlangt nach einer Veränderung.

Die Information wird bewusst

Somatosensorische Informationen gelangen, wie erwähnt, meist gar nicht in unser Bewusstsein. Unser Arbeitsgedächtnis wäre aufgrund seiner beschränkten Kapazität auch gar nicht in der Lage, all diese Informationen zu verarbeiten. Nur in Ausnahmefällen kommen somatosensorische Informationen ins Bewusstsein: bei Abweichungen vom Normalzustand, besonderem Wohl- oder Unwohlsein, wenn die Bewegungssteuerung eine bewusste Entscheidung verlangt oder wenn wir unsere Aufmerksamkeit bewusst auf bestimmte Körperbereiche lenken.

Unser Denken analysiert dann die aktuellen somatosensorischen Informationen. Es vergleicht sie mit Informationen aus dem bewussten Gedächtnis, also mit Erlebnissen und Wissensinhalten und ordnet sie ein.

 Christine hat sich angewöhnt, innere Impulse wie den Wunsch, die Nackenmuskulatur zu entspannen, zu übergehen und nicht auf sie zu reagieren. Sie will sich auf ihre Arbeit konzentrieren und sich nicht ablenken lassen. So hat sie in ihrem Denken einen Filter eingebaut, der normalerweise verhindert, dass die Informationen über die verspannte Nackenmuskulatur in ihr Bewusstsein kommen.

Der Computerabsturz zwingt Christine, die Arbeit zu unterbrechen. Dadurch nimmt sie einen Moment lang ihren verspannten Nacken wahr und auch den Impuls des emotionalen Erfahrungsgedächtnisses, diesen unangenehmen Zustand doch bitte zu beenden. Sie erinnert sich, wie entspannt sich ihr Nacken anfühlen kann. Ihr wird bewusst, dass sie durch ihre Art zu sitzen die Verspannung verursacht hat. Denn ein nach vorne geschobener Kopf versetzt die Nackenmuskeln in konstante Spannung. Christine muss sich entscheiden, ob sie in diesem angespannten Zustand weiterarbeiten oder dem inneren Impuls folgen und für die Entspannung ihrer Nackenmuskulatur sorgen will.

4.3
Das Körperbild

Wie wir uns unseren Körper vorstellen

Das Körperbild ist, einfach gesagt, das Bild, das wir uns von unserem Körper machen. Es beinhaltet neben Vorstellungen über physische Eigenschaften auch Erinnerungen und Gefühle und steht in einem kulturellen Kontext.

Wir haben eine Vorstellung,
- wie groß oder klein, dick oder dünn, kräftig oder schwach unser Körper ist
- wie viel Kraft es braucht, um den Arm zu heben, vom Stuhl aufzustehen, zu stehen oder zu gehen
- wie unser Körper sein sollte
- wie wir auf andere Menschen wirken möchten

- über die Anatomie und die Funktionsweise unseres Körpers.

Auch unsere Lebensgeschichte mit den Erinnerungen an angenehme und unangenehme Erlebnisse findet ihren Ausdruck in unserem Körperbild.

Die Verarbeitung eingehender somatosensorischer Informationen im Gehirn orientiert sich am bestehenden Körperbild, d. h. neue Erfahrungen werden den abgespeicherten Erfahrungen angeglichen. Das Körperbild hat deshalb eine gewisse Trägheit. Mit gutem Grund, denn es ist aus der bisherigen Lebenserfahrung entstanden und hat sich bewährt. Es ist in unserem Gedächtnis verankert, in unserem Denken präsent und somit ein Teil unseres Selbstbildes.

Ein falsches Körperbild

Viele Bereiche unseres Körpers sind uns nicht bewusst, und holen wir sie in unser Bewusstsein, werden wir vielleicht feststellen, dass unsere Vorstellungen von der objektiven Betrachtungsweise unseres Körpers abweichen.

Ein falsches Körperbild kann zu Störungen der Bewegungsorganisation führen. So kann etwa die falsche Vorstellung von der Lage der Hüftgelenke die Effizienz der Gehbewegung stören oder jene des Atlas-Schädelgelenks zu einer eingeschränkten Beweglichkeit von Hals und Kopf führen. Große Menschen, die sich unbewusst in ihrer Vorstellung kleiner machen, entwickeln eine zu stark gekrümmte Brustwirbelsäule. Kleine Menschen, die sich in ihrer Vorstellung größer machen und sich nach oben strecken, entwickeln eine steife Haltung.

Nehmen wir unseren Körper nicht richtig wahr, können wir ihn auch nicht richtig steuern. Damit unsere Körperwahrnehmung zuverlässiger wird, brauchen wir Referenzerfah-

rungen in natürlicher Bewegungsorganisation, vergleichbar mit dem Eichen einer Waage mit Hilfe von Referenzgewichten. Diese Neueinstellung der Wahrnehmung macht es uns möglich, Störungen besser zu erkennen und abzubauen.

4.4
Die Körperwahrnehmung entwickeln

Die Körperwahrnehmung variiert von Mensch zu Mensch und kann sehr schwach bis sehr stark entwickelt sein. Es gibt Menschen, die ihren Körper fast nicht spüren, andere spüren sich von den Zehen bis zu den Fingerspitzen, vom Beckenboden bis zum Scheitel. Aber auch innerhalb des Körpers kann die Wahrnehmungsfähigkeit unterschiedlich sein. Zu einzelnen Körperbereichen haben wir einen guten Zugang, zu anderen weniger oder gar keinen. Sie entziehen sich der Wahrnehmung, weil wir es nicht gewohnt sind, sie zu spüren, oder sie unbewusst ausblenden.

So verschieden die Körperwahrnehmung bei einzelnen Menschen auch sein mag, sie lässt sich bei allen entwickeln.

In der Alexander-Technik werden drei verschiedene Methoden angewandt:
1. Referenzerfahrung: Wir schauen unseren Körper an, direkt oder in einem Spiegel (visuelle Referenz). Oder wir bringen ihn in Kontakt zum Boden, zur Wand, zur Hand eines Alexander-Technik-Therapeuten usw. (taktile Referenz).
2. Wir machen mit Hilfe einer Anleitung oder durch manuelle Führung eine neue Bewegungserfahrung.
3. Wir verbinden die Körperwahrnehmung mit anatomischem Wissen.

Referenzerfahrung

Wie bereits erwähnt, unterscheidet sich die Wahrnehmung des eigenen Körpers meist davon, wie andere ihn sehen. So empfinden wir selbst unsere Körperhaltung in der Regel als normal und aufrecht. Wir glauben, aufrecht zu stehen, auch wenn wir bogenförmig mit nach vorne geschobenem Becken und gekrümmter Brustwirbelsäule dastehen. Dass wir unseren Kopf nach vorne strecken, bemerken wir nicht. Wir meinen, unsere beiden Schultern befänden sich auf gleicher Höhe, obwohl wir die eine immer etwas hochziehen.

 Visuelle Referenzerfahrung: Ein sehr eindrückliches Beispiel dafür, was die visuelle Referenz bewirken kann, ist die Vorstellung der eigenen Fußstellung. Viele Menschen sind überzeugt, beim Stehen die Füße auch ohne Hilfe der Augen parallel stellen zu können. Überprüfen sie dann ihre Position, sind sie überrascht, ihre Füße in einer V-Stellung zu sehen. Stellen sie ihre Füße bewusst parallel, so ist ihnen das anfänglich völlig fremd. Sie glauben sogar, ihre Zehen würden nach innen schauen und befürchten, beim Gehen darüber zu stolpern. In ihrer Beinmuskulatur nehmen sie ein unangenehmes Ziehen wahr, weil sich die gewohnte Spannung der Muskeln durch die neue Fußstellung verändert hat. Einzelne Muskeln stehen unter erhöhter Spannung, was irritiert. Doch schon nach kurzer Zeit verschwinden diese Empfindungen. Die Wahrnehmung hat sich den neuen somatosensorischen Informationen angepasst, hat begonnen, die parallele Fußstellung ins Körperbild zu integrieren.

Siehe „Die Fußstellung und die Aufrichtung des Beckens" (S. 115) und Kapitel 19 „Gehen oder die Kunst der Fortbewegung" (S. 143 ff.).

 Taktile Referenzerfahrung: Machen Sie folgendes Selbstexperiment: Legen Sie sich in Rückenlage flach auf den Boden und nehmen Sie die Kontaktflächen Ihres Körpers zum Boden wahr.

Wo hat der Körper Kontakt zum Boden, wo nicht? Gibt es Unterschiede zwischen der rechten und linken Körperseite? Welche Kontaktflächen können Sie gut wahrnehmen, welche weniger (Schädel, Schultern, Rücken, Arme, Hände, Becken, Beine, Fersen)? Angenommen, Ihr rechtes Schulterblatt hat weniger Kontakt zum Boden als Ihr linkes und Ihr unterer Rücken wölbt sich vom Boden weg.

Versuchen Sie auf diese Wahrnehmung nicht zu reagieren. Belassen Sie die Unterschiede zwischen der rechten und der linken Körperseite und drücken Sie den unteren Rücken nicht zum Boden. Denn allein schon das Bewusstwerden dieser „Unregelmäßigkeiten" löst einen Prozess in unserem Nervensystem aus. Es versucht einen Ausgleich herzustellen, d.h. das rechte Schulterblatt und den unteren Rücken zu senken.

Auf die Wahrnehmung nicht zu reagieren, ist jedoch gar nicht so einfach, sind wir es doch gewohnt, Unregelmäßigkeiten zu korrigieren. Diese Korrekturen würden wir jedoch mit Hilfe unserer gewohnten Bewegungsprogramme ausführen und so eine neue Erfahrung verhindern. Wir würden lediglich unsere Gewohnheiten verstärken.

 Alexander-Technik-Therapeuten geben ihren Klienten durch die Berührung mit ihren Händen eine taktile Referenz. Im Gegensatz zum Boden passen sich die Therapeutenhände dem Körper an, wenn er liegt, steht, sitzt und folgen ihm auch, wenn er sich bewegt.

Eine häufig schwach wahrgenommene Körperregion ist der Nacken. Schon beim Stehen oder Sitzen knickt der Hals sehr oft nach hinten, und die Nackenmuskulatur zieht sich zusammen. Erst recht tritt dieses Muster beim Bewegen ein, sehr augenfällig beim Sich-Hinsetzen auf einen Stuhl. Es eignet sich deshalb hervorragend für die Arbeit an der Bewegungsorganisation. Als Vorbereitung liegt der Klient in der regenerativen Rückenlage (s. **Abb. 4–4**). Der Alexander-Technik-Therapeut hilft ihm, den Mittelteil lang und weit werden zu lassen. Dann legt er ihm seine Hände an den Nacken. Das lenkt die Aufmerksamkeit des Klienten verstärkt auf diesen Bereich und entspannt seine Nackenmuskulatur. Der Nacken wird lang. Nun gilt es diese Ausrichtung der Wirbelsäule in der Bewegung beizubehalten. Der Klient stellt sich vor den Stuhl. Die Hand des Therapeuten kommt wiederum an seinen Nacken. Dies weckt im Klienten die Erinnerung an den entspannten, langen Nacken im Liegen. Er wird aufgefordert, sich hinzusetzen und gleichzeitig auf seinen Nacken zu achten. Jetzt bemerkt er, wie er während der Bewegung, ohne es zu wollen, die Nackenmuskulatur zusammenzieht.

Die regenerative Rückenlage: Legen Sie sich, wie in Abbildung 4-4 zusehen, auf den Rücken. Der Kopf liegt auf einem Buch, damit der Hals nicht nach hinten knickt, sondern lang bleibt. Die Beine sind angewinkelt, die Füße stehen etwa schulterbreit voneinander entfernt, nah am Becken auf dem Boden. Die Hände liegen auf den unteren Rippen.

Mehr zur regenerativen Rückenlage erfahren Sie im Kapitel „Liegen – ein Geschenk" auf Seite 99 ff.

Neue Bewegungserfahrungen

Etwas anspruchsvoller ist die Körperwahrnehmung in Bewegung. Bewegungen sind ein komplexes Geschehen, weshalb ihre Steuerung auch grösstenteils unbewusst geschieht. Wir können unsere Aufmerksamkeit aber auf einen bestimmten Aspekt der Bewegung richten, ihn beobachten und mit Veränderungen experimentieren, um so neue Bewegungserfahrungen zu machen.

 Angeleitete Bewegungserfahrung: Entspannt schreiben: Wie viel Kraft ist notwendig, um einen Schreibstift zu halten? Bei der Arbeit mit Schülern staune ich immer wieder, mit welch großer Anspannung sie den Stift halten. Ihre Finger sind verkrampft, das vorderste Fingergelenk häufig durchgedrückt. Die Kinder konzentrieren sich ganz auf das Schreiben der Buchstaben. Sie spüren nicht, wie sie sich verkrampfen und können, selbst wenn sie darauf aufmerksam gemacht werden, ihre übertriebene Muskelspannung nicht lösen. Damit sie sich ihrer Anspannung bewusst werden, mache ich mit den Schülern ein Experiment. Sie halten den Stift nur mit so viel Kraft, dass er ihnen nicht aus den Fingern rutscht. Dann zeichnen sie mit dieser minimalen Kraft einen waagrechten Strich auf ein Blatt. Dabei achten sie gleichzeitig auf die aufrechte Sitzposition. Der Raum zwischen ihrer Körpervorderseite und dem Pult erscheint ihnen dabei sehr groß, ihr schreibender Arm sehr lang. Wenn die Kinder

Abbildung 4–4: Liegen in der regenerativen Rückenlage

in gleicher Weise Buchstaben schreiben, ist das für sie sehr ungewohnt. Ihr Gehirn muss ein neues Bewegungsprogramm lernen. Dadurch verändert sich ihre Schrift. Man sieht, dass sie mit weniger Druck und mit leichterer Stiftkontrolle schreiben.

 Vom Therapeuten geführte Bewegungserfahrung: Ralfs Nackenbeschwerden: Ralf (58 J.) kommt wegen Nackenbeschwerden und Spannungskopfschmerzen in die Therapie. Täglich arbeitet er mehrere Stunden am Bildschirm. Beim Sitzen sinkt er in sich zusammen, sein Rücken ist rund und die Nackenmuskulatur zusammengezogen.

Zu Beginn der Therapie arbeite ich mit Ralf in der regenerativen Rückenlage. Durch Berührungen und passives Bewegen unterstütze ich ihn, den Körper in seiner natürlichen Länge und Weite zu belassen. Ralf gibt sich gleichzeitig mentale Anweisungen für die Ausrichtung im Raum. Die Nacken-, Schulter- und Rückenmuskulatur entspannt sich. Nach dem Liegen wechseln wir zum Sitzen. Ralf richtet sein Becken und damit seine Wirbelsäule auf. Er staunt, wie leicht sich diese neue Art zu sitzen anfühlt. Denn bisher empfand er aufrechtes Sitzen immer als sehr anstrengend. Anschließend bearbeiten wir sein Bewegungsmuster beim Aufstehen vom Stuhl. Ralf hat die Gewohnheit, die Nackenmuskulatur und mit ihr die Muskulatur im unteren Rücken anzuspannen, die Beine steif zu machen und sich dann mit einem Ruck ins Stehen zu stemmen. Ich zeige ihm, wie er viel leichter aufstehen kann. Im Sitzen neige ich

seinen Mittelteil nach vorne bis sein Körperschwerpunkt über die Füße zu liegen kommt. Die Muskulatur im Nacken bleibt dabei relativ entspannt. Dann weise ich Ralf an, seine Fersen in den Boden sinken zu lassen, die Beine zu strecken und so aufzustehen. Ralf bleibt sitzen. Er versichert mir, ohne seine gewohnte Anspannung im Rücken sei es unmöglich aufzustehen.

Er ist überzeugt, ihm fehle die Kraft dazu. Doch weil die Körperausrichtung und die Lage des Körperschwerpunktes optimal sind, braucht er nur einen kleinen Bewegungsimpuls, um mühelos aufzustehen. Ralf meint, so leicht sei er in seinem ganzen Leben noch nie vom Stuhl aufgestanden.

Nach einigen Therapiestunden gelingt es ihm, die neue Art zu sitzen und aufzustehen auch am Arbeitsplatz anzuwenden. Er ertappt sich immer öfter, wenn er gewohnheitsmäßig die Nackenmuskulatur anspannt, und kann sie wieder entspannen. Die Nackenbeschwerden und die Spannungskopfschmerzen werden schwächer, und dank dem regelmäßigen Liegen in der regenerativen Rückenlage verschwinden sie schließlich ganz.

Verändern wir die Körperhaltung oder ein Bewegungsmuster, so kommt uns dies zunächst fremd vor. Wir erkennen uns darin nicht wieder. Etwas in uns wehrt sich gegen diese neue Selbsterfahrung. Behalten wir die ungewohnte Haltung jedoch bei oder wiederholen das neue Bewegungsmuster einige Male, so verändert sich die Bewertung. Was uns fremd war, fällt gar nicht mehr auf oder hat sich in eine angenehme Erfahrung verwandelt.

Die Körperwahrnehmung mit anatomischem Wissen verbinden

Eine weitere Möglichkeit, die Körperwahrnehmung zu entwickeln, besteht darin, sie mit anatomischem Wissen zu verbinden.

Als Beispiel nehmen wir die Lage der Hüftgelenke. Stehen Sie vor einen Spiegel und betrachten Sie Ihr Becken. Können Sie mit Ihren beiden Zeigefingern zeigen, wo sich die Hüftgelenke befinden? Sind Sie unsicher? Ich kann Sie beruhigen, die wenigsten Menschen wissen, wo sie liegen. Von vorne betrachtet, befinden sie sich in den Leistenlinien (s. **Abb. 4-5**) und von

der Seite betrachtet auf der Höhe der Trochanter, jene obersten Teile des Oberschenkelschaftes, die sich von außen ertasten lassen (s. **Abb. 4-6**).

Die so erfahrene Anatomie der Hüftgelenke können wir nutzen, um die Bewegung der Beine beim Gehen zu verbessern. Statt die Beine mit dem Becken zu bewegen, als würde es zu den Beinen gehören, können wir diese klar aus den Hüftgelenken heraus bewegen.

Mehr dazu erfahren Sie in Kapitel 14 „Becken und Hüftgelenke" (S. 119 ff.) und in Kapitel 19 „Gehen oder die Kunst der Fortbewegung" (S. 143 ff.).

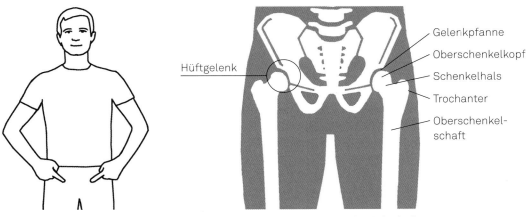

Abbildung 4–5: Lage der Hüftgelenke

Abbildung 4–6: Anatomie der Hüftgelenke

4.5
Das Handicap der Körperbewussten

Menschen, die es gewohnt sind, ihren Körper wahrzunehmen, wie Tänzer, Gymnastiklehrerinnen oder Therapeuten, haben es oft schwer, sich auf neue Körpererfahrungen einzulassen. Nicht, dass sie dies nicht möchten, ganz im Gegenteil, sie sind sehr daran interessiert. Aber ihre gewohnte Art der Körperwahrnehmung steht ihnen im Weg. Denn nicht nur unsere Bewegungen sind von Gewohnheiten bestimmt, auch unsere Wahrnehmung ist es.

 Durch meine Tanz- und Theaterarbeit war mir mein Körper sehr vertraut. Ich konnte bewusst mit ihm umgehen, mich bewegen, etwas darstellen. Mit dem festen Glauben, damit die beste Voraussetzung für die Ausbildung in Alexander-Technik zu haben, brauchte ich zwei Jahre, bis mir klar wurde, dass mich mein beruflicher Erfahrungshintergrund hinderte, mit der natürlichen Bewegungsorganisation in Kontakt zu kommen. Ich war sehr geübt, mit meinem Körper etwas zu machen, eine Idee umzusetzen. Ich war es gewohnt, ihn zu strecken, um ihn in die gewünschte Position zu bringen.

Während einer Intensivwoche im Rahmen der Alexander-Technik-Ausbildung war ich müde vom vielen Arbeiten am Körper. So legte ich mich draußen an der warmen Sonne auf eine Betonplatte und ließ meinen Körper ruhen. Da geschah etwas Überraschendes. Ich fühlte, wie mein Körper genau das tat, wozu ich ihn die ganze Zeit zwingen wollte; er fand seine Länge und Weite. Ich fühlte eine tiefe Entspannung, ein Loslassen und eine innere Ruhe.

So einfach kann Alexander-Technik funktionieren. Nichts tun und geschehen lassen.

5
Natürliche Bewegungsprogramme installieren

5.1
Wie Bewegungen gesteuert werden

Von der Motivation zur Bewegung

Bevor wir eine Bewegung ausführen, ist in unserem Nervensystem und besonders im Gehirn schon eine Menge geschehen. Diese Vorgänge lassen sich in vier Phasen unterteilen (s. **Abb. 5-1**).

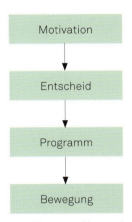

Abbildung 5–1: Phasen der Bewegungssteuerung

Anhand eines Beispiels wollen wir die vier Phasen der Bewegungssteuerung betrachten. Ein Mann, nennen wir ihn Tom, sieht vor sich auf dem Tisch ein Glas Wasser (s. **Abb. 5-2**).

Für die einzelnen Phasen der Bewegungssteuerung sind verschiedene Teile des Nervensystems zuständig, wobei keiner dieser Teile isoliert für sich arbeitet. Denn es ist ein Funktionsprinzip des Gehirns, immer vernetzt tätig zu sein.

Die folgende Darstellung der Bewegungssteuerung ist vereinfacht. Sie soll einen Überblick über den Ablauf vom Gehirn bis zum Muskel geben und dient im nächsten Kapitel als Grundlage für die Darstellung der Funktionsweise der Alexander-Technik.

Schauen wir, was in Toms Nervensystem alles passiert, bis er einen Schluck Wasser trinken kann.

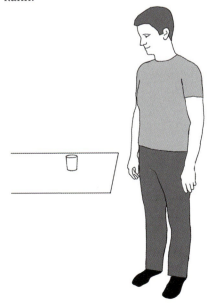

Abbildung 5–2: Tom vor dem Glas Wasser

Die Motivation: Das Gehirn ist immer am Arbeiten. Es verarbeitet äußere und innere Reize, vergleicht und kombiniert sie mit abgespeicherten Informationen, trifft Entscheidungen, gibt Steuerbefehle. All diese Vorgänge geschehen größtenteils, ohne dass sie uns bewusst werden. Erst wenn für eine Aktivität ein bewusster Verstandesentscheid notwendig wird, steigt die Fragestellung ins Bewusstsein auf. Wenn Tom sich überlegt, ob er das Glas Wasser auf dem Tisch ergreifen und trinken soll, hat sein Gehirn schon eine Menge Vorarbeit geleistet. Es hat durch Vergleiche mit früheren Erfahrungen den Tisch, das Glas und das sich darin befindliche Wasser identifiziert. Mittels Assoziation wurde das Wasser mit dem Trinkbedürfnis in Verbindung gebracht. Sensoren haben dem Hypothalamus einen Wassermangel im Körper gemeldet. Das emotionale Erfahrungsgedächtnis (s. **Abb. 5–3**) hat die Vorstellung, Wasser zu trinken, positiv bewertet und löst Körperreaktionen aus. Im Mund beginnt der Speichel zu fließen. Bis zu diesem Zeitpunkt war Toms Verstand noch gar nicht beteiligt. All diese Prozesse liefen unbewusst ab.

Der Entscheid: Erst jetzt schaltet sich Toms Bewusstsein ein. Er sieht das Glas, nimmt seinen Durst wahr und freut sich auf einen Schluck Wasser. Bevor er sich bewusst entscheidet, ist die Motivation für den Griff zum Wasserglas bereits klar und drängt nach einem Entscheid zur Ausführung der Bewegung.

Die für den Entscheid zuständige Hirnstruktur ist der präfrontale Cortex (s. **Abb. 5–4**). Er liegt im vorderen Teil der Großhirnrinde. Er wägt die verschiedenen Handlungsmöglichkeiten ab und entscheidet.

Vielleicht fragt Tom sich noch, wer das Glas auf den Tisch gestellt hat, ob er das Wasser trinken, sich selber ein Glas mit Wasser füllen oder aber etwas anderes trinken soll. Doch dann entscheidet er sich dafür, das Glas zu ergreifen, und aktiviert in seinem Gehirn die entsprechenden Bewegungsprogramme.

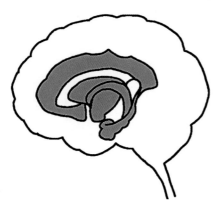

Abbildung 5–3: Das emotionale Erfahrungsgedächtnis

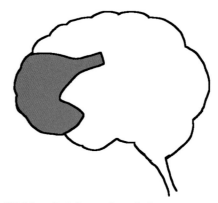

Abbildung 5–4: Der präfrontale Cortex

Das Programm: Die Bewegungsprogramme sind im motorischen Cortex (s. **Abb. 5–5**) abgespeichert und werden von dort abgerufen.

Er liegt in der Großhirnrinde zwischen dem präfrontalen Cortex und dem somatosensorischen Cortex.

Der motorische Cortex plant, steuert und kontrolliert die Bewegungen, indem er die Aktivität der einzelnen Muskeln regelt.

Wenn alles gut funktioniert, braucht sich Tom nicht um die Bewegung des Arms zu kümmern. Denn in den Programmen sind alle Steuerinformationen enthalten.

Mit der Aktivierung der Programme setzt Tom den Entscheid für die Bewegung in die Tat um.

Die Bewegung: Elektrische Steuerimpulse sind nun vom Gehirn über das Rückenmark und die motorischen Nerven bei der motorischen Endplatte angelangt. Hier setzen die motorischen Nerven an den einzelnen Muskelfasern an und übertragen auf elektrochemischem Weg den Befehl zum Zusammenziehen auf die Muskeln. Gleichzeitig bekommen die Gegenspieler dieser Muskeln den Befehl zur Entspannung. So kann sich das von beiden Muskelgruppen umgebene Gelenk bewegen. Toms Arm hebt sich im Schultergelenk und streckt sich im Ellbogen, die Hand öffnet sich, um das Glas zu ergreifen.

Der ganze Steuerprozess ist keine „Einbahnstraße" vom Gehirn zum Körper, sondern verläuft in so genannten Regelkreisen (s. **Abb. 5–6**). Vom Gehirn gehen die Bewegungsbefehle über die motorischen Nervenleitungen zu den Muskeln und werden dort in die Bewegung umgesetzt. Sensoren in den Muskeln, Sehnen und Gelenken erfassen die Bewegung als Zustandsveränderung, melden diese mittels sen-

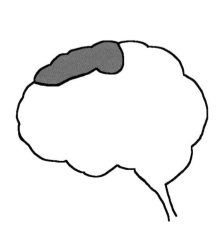

Abbildung 5–5: Der motorische Cortex

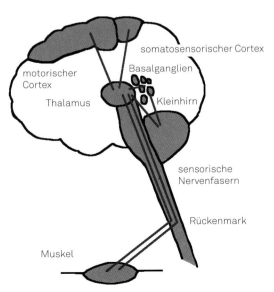

somatosensorischer Cortex

motorischer Cortex

Basalganglien

Thalamus

Kleinhirn

sensorische Nervenfasern

Rückenmark

Muskel

Abbildung 5–6: Die Bewegung – ein Regelkreis

sorischer Leitungen zurück zum Gehirn und werden dort für weitere Steuerbefehle genutzt. Der Regelkreis schließt sich.

Bei diesem Informationsfluss hat der Thalamus die Funktion einer Telefonzentrale. Er leitet ein- und ausgehende Signale an die richtige Stelle weiter. Die Basalganglien sorgen für die Feinabstimmung der Bewegungen.

Nähert sich Toms Hand dem Wasserglas, meldet der Sehsinn die Distanz der Hand zum Glas ans Kleinhirn. Es stoppt die Armbewegung, wenn die Hand das Glas erreicht. Toms Hand öffnet sich, die Finger berühren das Glas. Die sensorischen Nervenzellen in der Haut und der Muskulatur melden auch dies ans Kleinhirn zurück. Mit diesen Informationen bestimmt das Gehirn die Kraft, mit der die Hand das Glas fassen muss, um es heben zu können. Tom führt das Glas zum Mund und kann endlich trinken. Prost!

5.2
Neuprogrammierung

Bewusst neue Bewegungserfahrungen machen

Wenn wir eine Bewegung zum ersten Mal ausführen, steuern wir sie bewusst. Nach einigen Wiederholungen geht es aber automatisch. Die im unbewussten Gedächtnis gespeicherten Bewegungsprogramme haben die Steuerung übernommen.

Aus dem Bedürfnis, einen vor ihm liegenden Gegenstand zu berühren, entwickelt das Baby das Vorwärtsrobben. Die Entdeckungslust führt es weiter zum Krabbeln und schließlich zum Gehen. Die dazu notwendigen Bewegungsprogramme eignet es sich durch geduldiges Ausprobieren und Üben an. So entstehen im Gehirn Steuerprogramme in der Form von neuronalen Netzen, die es später für die gleiche Bewegung wieder aktivieren kann. Diese Steuerprogramme funktionieren ohne unsere bewusste Kontrolle. So wissen wir zwar, dass wir stehen oder gehen, aber wir wissen in der Regel nicht, wie wir dies tun.

Ein Bewegungsprogramm kann effizient sein und den Aufwand für die Bewegung minimieren, es kann aber auch unnötige Zusatzaktivitäten enthalten. Das Beispiel von Tom verdeutlicht dies: Ein Teil der Handlung war das Heben des Armes. Man könnte meinen, das sei eine simple Bewegung. Und doch gibt es viele verschiedene Arten, einen Arm zu heben. So könnte Tom, zusätzlich zum Armheben, die Schulter leicht hochziehen, den Arm ins Schultergelenk hineinziehen oder die Armmuskulatur unnötig anspannen.

Gewohnheiten erkennen

Das Gute an Gewohnheiten ist, dass wir nicht dauernd für jede Kleinigkeit einen Entscheid fällen müssen. Gewohnheiten erleichtern unser Leben ganz erheblich. Andererseits können sie uns auch gehörig im Weg stehen, wenn wir unser Verhalten verändern möchten. Denken wir nur daran, wie schwierig es ist, sich das Rauchen abzugewöhnen oder bei Übergewicht weniger zu essen und mehr Sport zu betreiben.

Im Gegensatz zu den Rauch-, Ess- und Bewegungsgewohnheiten sind wir uns der Art, wie wir uns bewegen, aber meist nicht bewusst. Wir wissen wenig über sie, weil uns der Blick von außen fehlt. Sie ist sozusagen unser Zuhause, über das wir uns kaum Gedanken machen. Um beim Bild vom Haus zu bleiben: Erst wenn wir unser Haus von außen betrachten und mit andern Häusern vergleichen, können wir entscheiden, ob und wie wir unser Haus verändern möchten.

Ganz ähnlich verhält es sich mit unserer Bewegungsorganisation. Erst durch neue, für uns ungewohnte Erfahrungen erkennen wir unsere gewohnten Muster und können entscheiden, ob und wie wir sie verändern wollen.

Zum Beispiel macht uns eine neue Art, vom Stuhl aufzustehen bewusst, wie unnötig unsere Anspannung beim gewohnten Aufstehen ist. Oder: Wenn wir lernen, die Atembewegung bis in die Beckenbodenmuskulatur wahrzunehmen, realisieren wir, wie oberflächlich wir sonst atmen.

Um solche Störungen zu erkennen, brauchen wir die Erfahrung effizienter natürlicher Bewegungen und Haltungen. Erst aufgrund dieser Erfahrung erkennen wir den Unterschied zu unseren gewohnten Bewegungsprogrammen und somit auch die Störungen.

5.3
Natürliche Bewegungsprogramme erlernen

Aus neuen Erfahrungen werden neue Programme

Eine neue Bewegungserfahrung führt in unserem Gehirn zu neuen Verknüpfungen zwischen Nervenzellen. Das so entstandene neuronale Netz speichert die neue Erfahrung als Bewegungsprogramm ab und lässt sich später für die Wiederholung der gleichen Bewegung aktivieren.

Um erfolgreich ein bewusst abrufbares Programm im Gehirn zu installieren, müssen wir methodisch vorgehen, d.h. wir müssen den Gesetzmäßigkeiten des Lernens und der Bewegungssteuerung Rechnung tragen.

Michael (22 J.) kommt wegen Verspannungen und Schmerzen im Nacken und im unteren Rücken in die Therapie.

Ein Blick auf seine Körperhaltung zeigt folgendes Bild: Michael schiebt sein Becken nach vorne, sodass sein Körper von der Seite betrachtet wie ein gespannter Bogen aussieht. Kopf und Hals streckt er nach vorne. Diese Körperhaltung (s. **Abb. 5–7a**) führt zu seiner verspannten Muskulatur in Nacken und Rücken. Für eine Entspannung der Muskulatur muss Michael seine Körperhaltung wieder ins Lot bringen.

Michael empfindet seine Art zu stehen als normal. Erst als er sich vor den Spiegel stellt und sich mit einem zweiten Spiegel von der Seite betrachtet, erkennt er den Bogen in seiner Körperhaltung. Er war sich dessen gar nicht bewusst. Wenn er das Becken in die Lotlinie bringt (s. **Abb. 5–7b**), hat er das Gefühl, als ob er sein Gesäß wie eine Ente nach hinten streckt.

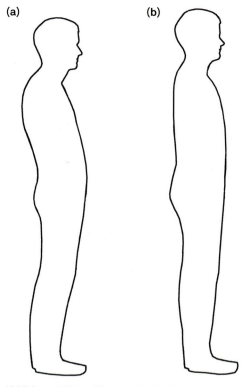

(a)   **(b)**

Abbildung 5–7a und b: Michael im Stehen: sein gewohntes (a) und das neue, natürliche Bewegungsprogramm (b)

Der Blick in den Spiegel beruhigt ihn aber. Michael steht eine Weile so da und gewöhnt sich an die neue Haltung. Dann schlage ich ihm vor, einige Male zwischen seiner gewohnten und der neuen Haltung zu wechseln und dabei auf die Belastung seiner Füße zu achten. Er bemerkt, wie in der neuen Haltung die Belastung der Fersen größer und jene der Fußballen und Zehen dafür kleiner wird. Im unteren Rücken, im Nacken und in den Beinen nimmt er eine angenehme Entspannung der Muskulatur wahr. Michael empfindet die neue Art zu stehen als angenehm. Die gewohnte Haltung ist ihm jetzt unangenehm. Er realisiert, dass diese Haltung den verspannten Nacken verursacht. Ich erkläre ihm anhand eines Skelettmodells, dass bei einem natürlich aufgerichteten Körper das

Fuß-, Knie-, Hüft-, Schulter-, und Atlas-Schädelgelenk in der Lotlinie liegen. Das Körpergewicht verteilt sich zu zwei Dritteln auf die Fersen und zu einem Drittel auf die Fußballen. Die Zehen bleiben unbelastet.

Michael kann jetzt dieses anatomische Wissen mit der neu erfahrenen Art zu stehen in Verbindung bringen und in seinem bewussten Gedächtnis abspeichern. Später kann er das natürliche Bewegungsprogramm aktivieren, indem er sich an die Anordnung der Gelenke in der Lotlinie und die daraus resultierende Belastung der Füße erinnert. Michael hat Freude an seiner neuen Körperhaltung. Immer wenn er sich im Alltag in seiner alten Bogenhaltung ertappt, bringt er den Körper in die aufgerichtete Haltung zurück. Je öfter er dies tut, desto leichter fällt es ihm, und zwar nicht nur im Stehen, sondern auch im Sitzen. In der Folge beginnen sich seine Verspannungen und Schmerzen mehr und mehr aufzulösen.

In vier Schritten zum natürlichen Bewegungsprogramm

Schauen wir uns nun am Beispiel von Michaels neuer Körperhaltung die vier methodischen Schritte bei der Neuprogrammierung genauer an (s. **Tab. 5–1**).

Wir haben keinen direkten Zugriff auf die Bewegungsprogramme, da sie im unbewussten Gedächtnis abgespeichert sind. Wir können ein Bewegungsprogramm aber mit Informationen des bewussten Gedächtnisses verknüpfen und später durch die Erinnerung an diese Informationen wieder aktivieren.

 Um natürlich leicht zu stehen, muss Michael nur an die Ausrichtung des Körpers in die Länge und Weite und an die Entlastung von Zehen und Fußballen denken.

Tabelle 5–1: Ein natürliches Bewegungsprogramm lernen

Methodische Schritte	Beispiel: Michael erlernt eine neue Körperhaltung
1. Ein natürliches Bewegungsprogramm erfahren.	Michael bringt sein Becken bewusst in die Lotlinie. Im Gehirn wird diese Körperhaltung als neues Bewegungsprogramm abgespeichert.
2. Das natürliche Bewegungsprogramm mit erinnerbaren Informationen verknüpfen (anatomisches Wissen, Vorstellung, Erlebnis).	Michael verbindet die neue Haltung mit der Ausrichtung seines Körpers in die Länge und Weite, dem Wissen um die Lage des Beckens in der Lotlinie über dem Fußgelenk sowie dem Erlebnis entlasteter Zehen und Fußballen.
3. Das gewohnte, störende Bewegungsprogramm bewusst machen.	Michael kann den Unterschied zwischen der gewohnten und der neuen Körperhaltung wahrnehmen. Er weiß jetzt: Sind seine Zehen beim Stehen belastet, ist sein Becken nach vorne geschoben. Er könnte es wieder in die Lotlinie zurückbringen.
4. Das natürliche Bewegungsprogramm wählen.	Michael kann zwischen den zwei Bewegungsprogrammen wählen. Indem er das Becken in die Lotlinie bringt und an seine Ausrichtung denkt, entscheidet er sich gegen das Stehen in der Bogenhaltung.

5.4
Wohlgefühl und Wiederholungen machen das neue Programm stark

Die positive emotionale Bewertung

Das wohl wichtigste Kriterium beim Erlernen eines neuen Bewegungsprogramms ist die positive Bewertung durch das emotionale Erfahrungsgedächtnis. Dieses bewertet jede neue Erfahrung aufgrund der bisherigen Erfahrungen. Und es ist jene Instanz, in der die Handlungsmotivation entsteht und die entscheidet ob eine Handlungsabsicht tatsächlich umgesetzt wird oder nicht. Ohne das emotionale Erfahrungsgedächtnis geht gar nichts.

Wird ein neues Programm positiv bewertet, erleben wir das als ein Wohlgefühl, eine Stimmigkeit, vielleicht auch als ein Zurückfinden zu einem Zustand, den wir sehnlichst vermisst haben. Daraus entsteht in uns die Motivation dieses Bewegungsprogramm erneut zu aktivieren.

 Das Stehen in der Lotlinie hat für Michael eine spürbare Entspannung der Bein-, Rücken- und Nackenmuskulatur zur Folge. Er fühlt sich vom Skelett getragen und empfindet ein angenehmes Gefühl von Leichtigkeit. So zu stehen entspricht dem Bedürfnis des Organismus. Die aus dem Körper eintreffenden sensorischen Informationen werden vom emotionalen Erfahrungsgedächtnis positiv bewertet

und wecken die Lust, die Erfahrung zu wiederholen.

Die häufige Wiederholung

Neue Erfahrungen schaffen neue neuronale Verknüpfungen in unserem Gehirn. Je öfter und je vielfältiger ein neues Bewegungsprogramm aktiviert wird, desto stärker und vernetzter wird seine Verankerung und desto einfacher ist es später aktivierbar. Die vielfältige Aktivierung des Programms geschieht, indem wir es in ganz verschieden Alltagssituationen anwenden. Anfänglich braucht dies viel Aufmerksamkeit. Wir müssen uns Zeit nehmen, innehalten und uns sehr bewusst mentale Anweisungen geben. Doch mit der Zeit wird es leichter und das neue Programm beginnt sich von selbst in unserem Bewusstsein zu melden. Es wird ein Teil unserer Bewegungsorganisation.

Michael wendet die neue Körperhaltung im Alltag an, sooft es ihm in den Sinn kommt: Beim Warten auf den Bus, beim Zähneputzen, im Lift usw. nutzt er das Stehen, um das neue Bewegungsprogramm zu aktivieren.

Die häufige Wiederholung in verschiedensten Situationen führt zu vielfältigen Verknüpfungen des natürlichen Bewegungsprogramms im Gehirn und macht es im Alltag leichter aktivierbar.

Wie diese Anwendung im Alltag genau funktioniert, ist das Thema des nächsten Kapitels.

6
Natürliche Bewegungsprogramme anwenden

6.1
So funktioniert es

Das Beispiel von Michaels neuer Körperhaltung zeigt auf, wie die Neuprogrammierung funktioniert. Alices Erfahrung mit der Alexander-Technik veranschaulicht, wie ein neues Bewegungsprogramm im Alltag angewendet wird.

 Alice (31 J.) hatte die Gewohnheit, ihre Bauchmuskulatur anzuspannen. Dadurch war die Bewegung des Zwerchfells eingeschränkt, ihre natürliche Atmung behindert.

Alice war sich ihrer angespannten Bauchmuskulatur nicht bewusst. Deshalb erklärte ich ihr die Funktion des Zwerchfells für die Atmung und forderte sie auf, eine Hand auf der Höhe des Zwerchfells auf den Bauch zu legen. Nach einer Weile meinte sie, ihr Bauch fühle sich hart an, sie spüre einen Druck. Ich schlug ihr vor, die Bewegung unter ihrer Hand wahrzunehmen. Schon nach kurzer Zeit veränderte sich ihr Gesichtsausdruck. Mit einem Lächeln sagte sie, sie spüre eine sanfte Bewegung, und der Druck beginne sich zu lösen. Ich forderte sie auf, die andere Hand unterhalb des Bauchnabels auf den Bauch zu legen. Langsam löste sich auch hier die Muskelspannung, sodass Alice die Atembewegung in ihrem Bauch wahrnehmen konnte. „Das fühlt sich angenehm wohl an", meinte sie, um gleich anzufügen: „Aber ich darf doch meinen Bauch nicht hängen lassen. Das sieht schrecklich aus." Vor dem Spiegel konnte sie sich überzeugen, dass eine entspannte Bauchmuskulatur nicht zu einem nach vorne gewölbten Bauch führt.

Alice wurde sich ihrer angespannten Bauchmuskulatur bewusst, indem sie lernte, die Anspannung loszulassen. Sie nahm den Unterschied zwischen beiden Zuständen wahr und konnte nun wählen, welches der beiden Steuerprogramme für die Atembewegung sie aktivieren wollte: die neu erfahrene Variante oder die gewohnte alte.

Das natürliche Bewegungsprogramm war nun zwar im Nervensystem installiert, aber es aktivierte sich nicht von selbst. Alice musste es bewusst abrufen. Tat sie dies nicht, blieb die Steuerung beim gewohnten alten Programm. Die Bauchmuskulatur blieb angespannt, die Zwerchfellatmung behindert. Für die Aktivierung des neuen, natürlichen Bewegungsprogrammes wandte Alice die Alexander-Technik-Instrumente an: innehalten, wahrnehmen und sich mentale Anweisungen geben.

Alice legte sich zu Hause täglich in der regenerativen Rückenlage (s. „Liegen – ein Geschenk" auf S. 99 ff.) hin, erlaubte ihrer Atembewegung, sich in den Bauch und Beckenraum auszubreiten, und ließ in der Vorstellung ihren Mittelteil in die Länge und Weite wachsen. Als

Nächstes übte sie im Sitzen. Sie unterbrach ihre Tätigkeit und ließ die Gedanken, die sie gerade beschäftigten, los. Alice hielt inne und richtete ihre Wirbelsäule auf. Dann gab sie sich mentale Anweisungen: Mein Bauchraum kann sich beim Einatmen nach vorne, hinten, zur Seite und nach unten ausdehnen.

Später übte sie im Stehen, in Kombination mit einer Tätigkeit, im Zusammensein mit anderen Menschen. Je öfter sie das neue Programm wählte, desto vielfältiger wurde es in ihrem Gehirn verknüpft und desto einfacher ließ es sich aktivieren.

Doch wie würde sich Alices neues Programm in einer Stress-Situation bewähren? In belastenden Situationen greift unser Nervensystem gern auf altbewährte Programme zurück. Alice versuchte aus diesem Grund, das neue Programm unter immer schwierigeren Bedingungen anzuwenden.

Alice war mit dem Auto unterwegs, sie musste kurz vor Ladenschluss noch einkaufen gehen. Die Wartezeit vor einer roten Ampel nutzte sie, um ihre Aufmerksamkeit auf die Atembewegung im Bauch zu richten. Sie stellte fest, dass ihre Bauchmuskulatur angespannt war und aktivierte das neue Programm. Sie erinnerte sich an ihr Wissen über die Zwerchfellbewegung und das wohlige Gefühl im Bauch, wenn diese die Verdauungsorgane bewegt. Die Bauchmuskulatur entspannte sich, die Atembewegung in Bauch und Becken wurde langsam stärker. Auch die anderen, stressbedingten Körperreaktionen verminderten sich, der Puls sank, die Gedanken wurden ruhiger.

Die erfolgreiche Aktivierung des natürlichen Bewegungsprogramms in dieser stressigen Situation machte es noch einmal stabiler. Denn bei der Anwendung in dieser neuen Situation entstanden weitere neuronale Verbindungen zwischen den beteiligten Hirnberei-

chen. Alice hat gelernt: Ich kann auch ruhig atmen, wenn es hektisch wird

Alice hat mit den Alexander-Technik-Instrumenten „innehalten", „wahrnehmen" und „sich mentale Anweisungen geben" erfolgreich die neu erlernten Bewegungsprogramme aktiviert. Wie dies geschieht, wollen wir auf den folgenden Seiten genauer betrachten.

6.2
Innehalten und Wahrnehmen

Innehalten

Erinnern Sie sich an Tom, der vor einem Glas Wasser steht (s. S. 53 ff.)? Der Wunsch, Wasser zu trinken, kommt in sein Bewusstsein. Sein Verstand entscheidet, das Wasserglas zu ergreifen. Genau in diesem Moment unterbricht Tom den Steuerablauf (s. **Abb. 6–1**). Bevor sich die gewohnten Bewegungsprogramme aktivieren, schaltet er den Autopiloten aus und hält inne.

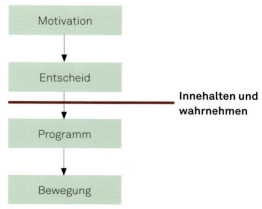

Abbildung 6–1: Innehalten und Wahrnehmen in der Bewegungssteuerung

Das Innehalten ist der entscheidende Schlüssel, wenn wir unsere Bewegungssteuerung verändern wollen. Denn das Innehalten unterbricht das gewohnte Verhalten, schafft den Freiraum wahrzunehmen, zu analysieren, mögliche Handlungsvarianten zu entwickeln und sich schließlich bewusst für eine davon zu entscheiden.

Mit dem Innehalten beginnt die Freiheit. Die Zeit ist so nicht mehr die tickende Uhr, die uns durch das Leben treibt, sondern wird zu etwas bewusst Gestaltbarem.

Wahrnehmen

Bevor Tom das Wasserglas auf dem Tisch ergreift, nimmt er sich Zeit, lenkt die Aufmerksamkeit auf seinen Körper und führt einen Check durch. Wie steht es mit der Ausrichtung des Körpers in die Länge und Weite? Wo ist die Atembewegung wahrnehmbar?

Er registriert, dass er seinen Kopf nach vorne schieben und die Brustwirbelsäule beugen

möchte (s. **Abb. 6–2a**). Die Atembewegung spürt er nur noch im Brustraum.

Alexander-Technik anwenden, heißt, sich Zeit für bewusstes Entscheiden und Raum für die Ausrichtung des Körpers geben.

6.3
Den Körper ausrichten

Nach seiner Analyse entscheidet sich Tom, den Mittelteil lang und aufrecht zu lassen und die Hand mit dem Arm zum Glas hinzubewegen, ohne die Brustwirbelsäule zu beugen (s. **Abb. 6–2b**).

Zuerst nimmt er eine Grobausrichtung des Körpers vor, indem er seinen Mittelteil in der Lotlinie aufrichtet. Dann ist er bereit für die Feinausrichtung mittels mentaler Anweisungen.

(a)

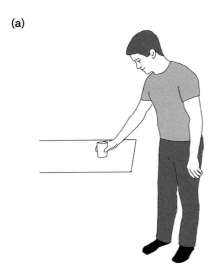

(b)

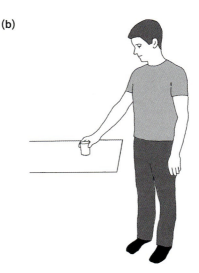

Abbildung 6–2a und b: Die Analyse der Situation ergibt für Tom zwei Handlungsvarianten: Er könnte den Kopf nach vorne schieben und die Brustwirbelsäule beugen (a), oder er könnte den Mittelteil lang lassen und nur die Hand zum Glas hinbewegen (b).

6.4
Mentale Anweisungen

Eine mentale Anweisung bezweckt die Ausrichtung des Körpers im Raum. Sie aktiviert mittels bewusster Gedächtnisinhalte (Vorstellungen, Wissen oder Erlebnisse) Bewegungsprogramme aus dem unbewussten Gedächtnis.

Allein durch diese Gedanken werden Bewegungsprogramme aktiviert und führen zu einer Veränderung des Körpers (**Abb. 6-3**).

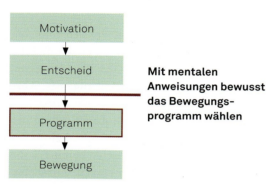

Mit mentalen Anweisungen bewusst das Bewegungsprogramm wählen

Abbildung 6–3: Mit mentalen Anweisungen bewusst das Bewegungsprogramm wählen.

Tom gibt sich zur Feinausrichtung folgende mentale Anweisungen (s. **Abb. 6-4**):

- Ich lasse meinen Mittelteil lang und weit.
- Ich lasse meinen rechten Arm vom Schultergelenk weg und durch die Fingerspitzen in die Länge wachsen.

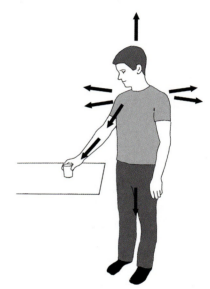

Abbildung 6–4: Tom gibt sich mentale Anweisungen.

Er wiederholt diese Anweisungen, während er mit der rechten Hand zum Glas greift.

Die Ausrichtung des Körpers mit mentalen Anweisungen

Anweisung für den ganzen Körper (s. **Abb. 6-5**)

- Ich lasse meinen Körper in die Länge und Weite wachsen.

Anweisungen für einzelne Körperbereiche:

Für den Mittelteil (s. **Abb. 6-6**):

- Ich lasse die Wirbelsäule vom Becken bis zum Schädel in die Länge wachsen.
- Ich lasse Schädel, Brust und Becken in die Weite wachsen).

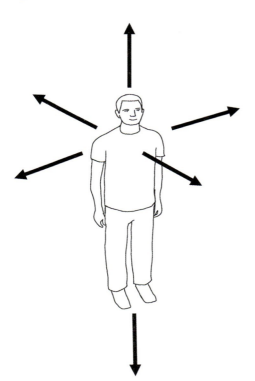

Abbildung 6-5: Anweisung für den ganzen Körper

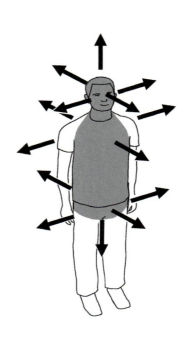

Abbildung 6-6: Anweisungen für den Mittelteil

Für das Verhältnis von Wirbelsäule und Schädel (s. **Abb. 6–7**):

- Ich lasse meinen Schädel nach oben steigen

Für den Unterkiefer (s. **Abb. 6–8**):

- Ich lasse meinen Unterkiefer nach unten und vorne gehen.
- Ich lasse meine Zunge im Unterkiefer liegen.

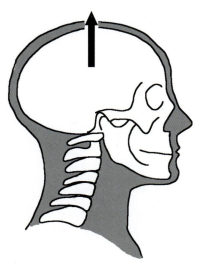

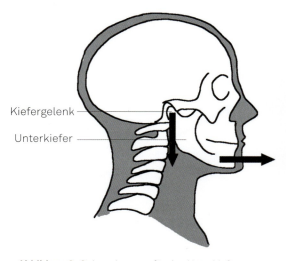

Abbildung 6–7: Anweisungen für das Verhältnis von Wirbelsäule und Schädel

Abbildung 6–8: Anweisungen für den Unterkiefer

Für die Arme und Hände (s. **Abb. 6–9**):

Ich lasse
- die Schlüsselbeine nach außen in Richtung Schultergelenk
- die Oberarme in Richtung Ellenbogen
- die Unterarme in Richtung Handgelenke
- die Hände in Richtung Finger und
- die Finger durch die Fingerspitzen in den Raum hinaus wachsen.

Für die Beine und Füße (s. **Abb. 6–10**):

Ich lasse
- die Schenkelhälse durch die Trochanter in die Weite
- die Oberschenkel in Richtung Knie
- die Unterschenkel in Richtung Fußgelenke
- die Fersenbeine nach hinten und unten in den Boden und
- die Mittelfüße und Zehen durch die Zehenspitzen in den Raum hinaus wachsen.

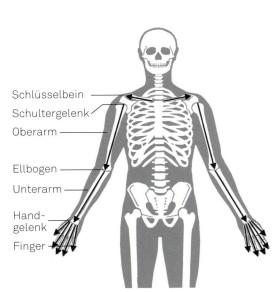

Abbildung 6–9: Anweisungen für die Arme und Hände

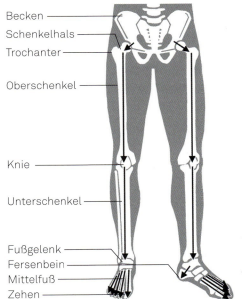

Abbildung 6–10: Anweisungen für die Beine und Füße

Eine mentale Anweisung soll positive Emotionen auslösen

Eine mentale Anweisung ist eine Einladung an unseren Körper, ein leichter Gedanke, vergleichbar mit einem Schmetterling, der verschiedene Stellen unseres Körpers besucht und sie daran erinnert, dass sie sich nicht zusammenzuziehen brauchen.

Formulieren wir eine Anweisung zu stark, sei es als Befehl oder dringenden Wunsch, so aktivieren wir über das emotionale Erfahrungsgedächtnis Verhaltensmuster, die eine Veränderung blockieren.

Eine mentale Anweisung soll positive Emotionen auslösen, wie ein Geschenk, das man sich selbst gibt.

Anweisungen mit kognitiven Inhalten verbinden

Bewegungsprogramme sind im unbewussten Gedächtnis gespeichert. Wir können sie deshalb nicht direkt aktivieren. Indirekt aber schon. Indem wir neue Programme mit Inhalten des bewussten Gedächtnisses verbinden, können wir sie später durch das Aufrufen dieser bewussten Inhalte mitaktivieren. Als Inhalte des bewussten Gedächtnisses eignen sich neben Vorstellungen auch anatomisches Wissen und Erlebnisse.

Anweisung mit Vorstellungen verbinden

Die mentalen Anweisungen, die sich Tom für die Feinausrichtung seines Körpers im Raum gegeben hat, sind klassische Beispiele für die Verwendung von Vorstellungen in der Alexander-Technik. Sie machen uns unsere Existenz als physische Wesen im dreidimensionalen Raum bewusst.

Denken wir an die Ausrichtung des Scheitelpunktes nach oben, zum Himmel, und den Kontakt der Füsse nach unten, zum Boden, so entsteht in uns ein Bewusstsein für unsere Länge.

Heben wir unseren Blick in die Horizontale und lassen von unserem Brustbein eine Sonne nach vorne strahlen, so öffnet dies unseren Brustbereich.

Stellen wir uns an unserem Rücken zwei Augen vor, die nach hinten schauen, lässt dies unsere rückseitige Muskulatur weicher werden und belebt die Atembewegung auf der Körperrückseite.

Anweisung mit anatomischem Wissen verbinden

Das Wissen wie unser Körper aufgebaut ist und wie er funktioniert, hilft uns die Bewegungsorganisation zu optimieren. Entscheidend dabei ist die Verbindung des Wissens mit einer entsprechenden Körpererfahrung. So wird abstraktes Wissen zu erfahrenem Wissen.

Körperwahrnehmung ist immer eine Verbindung von kognitiven Inhalten und somatosensorischen Informationen. Die Gedanken liefern uns dabei sozusagen die Struktur, in die wir die somatosensorischen Informationen einordnen können. Derart erfahrenes anatomisches Wissen wirkt seinerseits wieder zurück auf die Art, wie wir uns bewegen und kann uns ganz wesentlich dabei unterstützen unsere Bewegungsorganisation zu verbessern.

Die wichtigsten Atemmuskeln sind jene des Zwerchfells. Dieses ist kuppelförmig an den unteren Rippen aufgespannt, darüber liegen Lunge und Herz, darunter die Bauchorgane. Bei Einatmen sinkt das Zwerchfell nach unten, beim Ausatmen steigt es. Die zweitwichtigsten Atemmuskeln befinden sich zwischen den Rippen. Sie bewegen die Rippen beim Einatmen nach aussen und oben, beim Ausatmen nach innen und unten. Dies geschieht durch ein Drehen in den Rippen-Wirbel-Gelenken. Die Wirbelsäule bleibt bei der Atmung relativ ruhig.

Das anatomisch-physiologische Wissen hilft Formen von Fehlatmung abzubauen und neuronale Programme der natürlichen Atmung zu stärken und im Alltag zu aktivieren.

Wir können das Hochziehen der Schultern beim Einatmen unterlassen. Denn ausser nach sehr grossen körperlichen Anstrengungen ist diese Bewegung für das Atmen völlig unnötig. Wir können die Schultern also auf den Rippen ruhen und die Schlüsselbeine nach links und rechts in die Weite wachsen lassen.

Wir müssen die Brustwirbelsäule beim Einatmen nicht nach vorne stossen, um den Brustraum zu vergrössern. Denn der Raum vergrössert sich, wenn wir zulassen, dass sich die Rippen in den Rippen-Wirbelgelenken drehen können.

Durch das Sinken des Zwerchfells wird Druck auf die Bauchorgane ausgeübt und die suchen sich überall Platz, wo es weich ist und sie nicht durch Knochen (Becken) daran gehindert werden. Die Bauchdecke wölbt sich beim Einatmen leicht nach vorne. Halten wir die Bauchmuskulatur konstant angespannt, vielleicht mit der Idee einen flacheren Bauch zu haben, verhindert dies die natürliche Atembewegung. Das Wissen um diesen Zusammenhang befreit die Atmung. Der Bauchraum darf sich beim Einatmen nach vorne, aber auch nach hinten, zu den Seiten und nach unten (Beckenbodenmuskulatur) ausdehnen.

(s. Kapitel 22 „Atmung – die innere Bewegung" auf S. 173).

Anweisung mit der Erinnerung an ein Erlebnis verbinden

Erlebnisse werden in der Form von sensorischen Informationen, Bildern, Geräuschen, Gerüchen usw., aber auch mit deren emotionaler Bewertung und der dazugehörigen Körperreaktion abgespeichert. Diesen Umstand können wir uns zu Nutzen machen, indem wir durch die Erinnerung an ein positives Erlebnis, die damit verbundenen Körperreaktionen, wie Entspannung, Öffnung oder Belebung auslösen.

 Die Erinnerung an eine angenehme Berührung, an die Geborgenheit in einer Umarmung, an ein zärtliches Streicheln wirkt sich entspannend auf unseren ganzen Körper aus.

Erinnerungen an das Meer, das Panorama auf einem Berggipfel, die Weite einer Landschaft kann unseren Körper öffnen.

Das Bild einer Wiese mit Blumen kann in uns die Erinnerung an einen schönen Sommertag wecken, an dem wir in einer solchen Wiese gelegen und gedankenverloren den vorbeiziehenden Wolken am Himmel gefolgt sind. Eine solche Erinnerung kann uns Weite und Leichtigkeit im Kopf schenken.

Der Gedanke an ein lustiges Erlebnis lockert die Gesichtsmuskulatur und schafft mehr Platz im Mund. Er gibt dem ganzen Kopf mehr Raum (s. Unterkapitel „Lächeln" auf S. 184).

Im folgenden Kapitel „Mit Emotionen leben" schauen wir diesen Effekt noch genauer an.

7
Mit Emotionen leben

7.1
Farben des Lebens

Emotionen sind die Farben in unserem Leben. Es gibt angenehme, erwünschte Emotionen wie Verliebtsein, Freude, Lust oder Neugierde, aber auch solche, die wir lieber nicht erleben würden: Furcht, Angst, Trauer, Enttäuschung, Ärger, Neid, Hass oder Eifersucht. Emotionen gehen uns nahe, lassen uns das volle Leben spüren, unseren Körper, die Beziehungen zu anderen Menschen, unser ganzes Dasein in der Welt.

Emotionen sind unsere ständigen Begleiter, ein Leben lang. Wenn morgens der Wecker geht, fühlen wir uns gestört, sind leicht verärgert. Unter der warmen Dusche sieht die Welt schon wieder ganz anders aus, wir erleben unseren Körper bereits viel lustvoller. Beim Frühstück genießen wir den ersten Schluck Kaffee und den Biss ins Brötchen. Treten wir aus dem Haus, atmen wir mit Freude die frische Morgenluft ein. Wenig später nervt vielleicht ein rücksichtsloser Autofahrer. Jeder Moment des Tages bringt mehr oder weniger starke Emotionen. Nur sind wir uns dessen kaum bewusst.

Jede Emotion ist von einer Körperreaktion begleitet. Es sind diese Veränderungen im Körper, die uns eine Emotion überhaupt fühlen lassen.

Das Schrillen des Weckers nehmen wir mit zusammengezogener Muskulatur in Kopf und Brust und verärgerter Stimmung zur Kenntnis. Das warme Wasser der Dusche entspannt uns. Ein wohliges Körpergefühl stellt sich ein. Kaffee und Brötchen regen unseren Geruchs- und Geschmackssinn an. Der Mund- und Nasenraum entspannt sich. Wir freuen uns auf den nächsten Schluck und den nächsten Biss. Die Morgenluft durchlüftet den Kopf, lässt ihn leichter werden. Wogegen sich der Ärger im Straßenverkehr in der angespannten Kiefer- und Bauchmuskulatur manifestiert.

7.2
Wie Emotionen entstehen

Der Reiz

Am Anfang jeder Emotion steht ein Reiz. Er kann uns durch die Sinnesorgane von außen erreichen, z.B. als Bild, Geräusch, Geruch, Geschmack, als eine Berührung oder Körperwahrnehmung.

Und dann gibt es innere Reize, etwa der Gedanke an die nächsten Ferien am Meer oder die Erinnerung an den Beinbruch, den man sich beim Skifahren zugezogen hat. Äußere Reize lösen immer auch innere Reize aus. Sie aktivieren Erinnerungen aus unserem Erfahrungsgedächtnis. So kommt es zu einer Vermischung der aktuellen Situation mit früheren Erlebnissen.

Das emotionale Erfahrungsgedächtnis

Das emotionale Erfahrungsgedächtnis sammelt die sensorischen Informationen einer Erfahrung, bewertet sie, bewirkt Körperreaktionen und speichert schließlich alle drei Komponenten zusammen ab. Zum romantischen Sonnenuntergang zu zweit gehören Bilder, Gerüche, Geräusche, taktile Reize (Sinneseindrücke) sowie das Glücksgefühl (Bewertung) und das körperliche Wohlgefühl (Körperreaktion und gefühlte Emotion).

Wird eine Erinnerung reaktiviert, kommt sie als ganzes Paket in unser Bewusstsein, als Erlebnis mit seinen Sinneseindrücken, mit gefühlten Emotionen und körperlicher Befindlichkeit.

Neben der Funktion als Informationsspeicher wirkt das emotionale Erfahrungsgedächtnis auch als Bewertungsinstanz und Handlungsmotivator. Der Anblick der geliebten Person weckt Erinnerungen an schöne Zeiten des Zusammenseins, die unheimliche Straße in einer fremden Stadt erinnert an die Warnung im Reiseführer. Aufgrund früherer Erfahrungen findet eine Bewertung der aktuellen Erfahrung statt. Sie ist entweder positiv oder negativ. Die positive Bewertung beim Anblick der geliebten Person bringt uns in den Annäherungsmodus, d.h. wir wollen in der gegenwärtigen Situation bleiben, sie auskosten, das Erlebnis vielleicht noch intensiver machen. Die negative Bewertung einer unheimlichen Straße bringt uns in den Vermeidungsmodus. Wir versuchen, eine schlechte Erfahrung zu vermeiden und uns der Situation nicht weiter auszusetzen.

Die Körperreaktionen kommen ins Bewusstsein

Durch die Ausschüttung von Hormonen und über elektrische Impulse löst das emotionale Erfahrungsgedächtnis Körperreaktionen aus:

Anspannung oder Entspannung der Muskulatur, beschleunigte oder verlangsamte Atmung, Herzklopfen, Angstschweiß usw. Wir nehmen diese körperlichen Reaktionen wahr, d.h. sie dringen als gefühlte Emotionen oder eben Gefühle in unser Bewusstsein. Etwas später folgen Gedanken und Bilder, Erinnerungen an ähnliche Erlebnisse oder Ideen, wie sich die aktuelle Situation weiterentwickeln könnte. Die gefühlten Emotionen verbinden sich mit diesen Gedanken (s. **Abb. 7–1**).

Der Anblick der geliebten Person verursacht ein Kribbeln im Bauch und weckt Erinnerungen an gemeinsame Erlebnisse. Stehen wir nachts alleine in einem gefährlichen Quartier einer fremden Stadt, spüren wir dagegen einen Kloß im Hals, der Bauch spannt sich an, dunkle Fantasien steigen in uns auf.

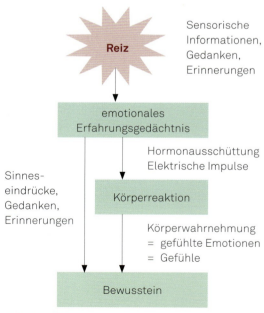

Abbildung 7–1: Die Entstehung von Emotionen

7.3
Emotionen und Bewegungssteuerung

Die zärtliche Umarmung, der verärgerte Griff zum Telefon, das Händegeben beim traurigen Abschied, das Schreiben der Prüfungsarbeit unter Stress – Bewegungen finden nicht im luftleeren Raum statt. Sie werden von einer Person mit individueller Lebensgeschichte, in einer bestimmten Situation und mit einer bestimmten Absicht ausgeführt. All diese Faktoren geben der Bewegung eine emotionale Färbung, lassen sie neben dem mechanisch-physikalischen Geschehen zu einem Ausdruck unserer Persönlichkeit werden.

Emotion und Motivation

Im emotionalen Erfahrungsgedächtnis entsteht die Motivation für unser Handeln. Die moderne Hirnforschung lehrt, dass es vor allem die Emotionen sind, welche unser Entscheiden und Handeln bestimmen. Der Verstand spielt eine eher untergeordnete Rolle. Er arbeitet viel langsamer als das emotionale Erfahrungsgedächtnis und hat nur eine beschränkte Verar-

beitungskapazität. Er wird erst angefragt, wenn das emotionale Erfahrungsgedächtnis mit einer Situation nicht alleine klarkommt, wenn sie neu oder komplex ist und sich nicht aufgrund der bisherigen Erfahrungen automatisch beurteilen lässt. Hat der Verstand entschieden, sind es noch einmal die Emotionen, die das „Okay für die Aktion geben oder dieses verweigern.

Das emotionale Erfahrungsgedächtnis hat bei der Handlungssteuerung das erste und letzte Wort. Das erste Wort hat es beim Entstehen der Wünsche und Pläne und das letzte bei der Entscheidung darüber, ob die Handlungsabsicht auch tatsächlich umgesetzt werden soll. Zwischendurch kommt der große Auftritt von Verstand und Vernunft. Doch die sind nur Berater. Ausschlaggebend für Entscheidungen sind die Erfahrungen, die Gefühle, Hoffnungen, Ängste, die einen Menschen im Laufe seines Lebens geprägt haben und sein Verhalten bestimmen (Roth 2004/2007).

Ausgangspunkt und letzte Entscheidungsinstanz bei jeder Handlung ist also unser emotionales Erfahrungsgedächtnis. Doch wie wirkt sich das auf unsere Bewegungsorganisation aus? (**Abb. 7–2**) Betrachten wir den Ablauf der Bewegungssteuerung, lassen sich zwei stören-

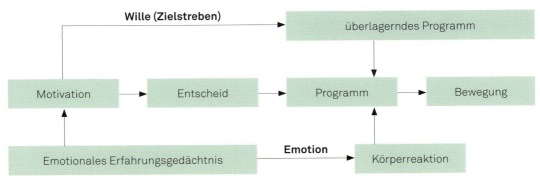

Abbildung 7–2: Einfluss der Emotionen auf die Bewegungssteuerung

de Einflüsse des emotionalen Erfahrungsgedächtnisses beobachten. Erstens lösen bewusste und unbewusste Emotionen wie Angst, Wut
oder Freude Körperreaktionen aus. Der Körper
zieht sich zusammen, wird hart oder wird weich
und öffnet sich. Zweitens aktiviert die Motivation zur Bewegung nicht nur das für die Bewe-
gungsausführung notwendige Programm, sondern auch überlagernde Programme. Diese
können uns bei der Umsetzung unserer Handlungsabsicht unterstützen, aber auch stören.
Gebe ich mir sehr Mühe etwas gut zu machen,
bin ich sehr ehrgeizig, habe ich Angst einen
Fehler zu machen, bin ich voller Freude, bin ich
ruhig und gelassen oder ist es mir sogar egal, ob
mein Vorhaben gelingt, solche inneren Einstel-
lungen schwingen bei unseren Bewegungen
immer mit und beeinflussen die Art, wie wir die
Bewegungen ausführen – sie aktivieren überlagernde Programme.

Störende Körperreaktionen

 F. M. Alexander trat in jungen Jahren als Rezitator von Shakespeare-
Texten auf. Eine starke Heiserkeit
setzte seinen Auftritten aber ein vorläufiges
Ende. Nachdem ihm die Ärzte nicht helfen
konnten, begann er selber, nach den Ursachen
für sein Stimmproblem zu suchen. Im Alltag
hatte er keine Schwierigkeiten beim Sprechen. Es musste also mit seinen Auftritten zu
tun haben. Alexander beobachtete sich im
Spiegel und fand heraus, dass er beim Rezitieren den Schädel nach hinten und unten
zog, wodurch er Druck auf seinen Kehlkopf
ausübte und so seine Stimme beeinträchtigte.
Die Anspannung beschränkte sich aber nicht
nur auf Hals und Kopf. Er bemerkte, wie er
durch das Anheben des Brustkorbs seine Rückenmuskulatur anspannte. Und auch seine
Beine, Füße und Zehen waren angespannt.

Sein ganzer Körper war seiner natürlichen
Ausrichtung beraubt. Er war in der Länge und
Weite zusammengezogen.

Durch geduldiges Üben gelang es ihm, diese
störende Gewohnheit in den Griff zu bekommen. Die Erfahrungen, die er dabei machte, bilden den Kern der Alexander-Technik. Er lernte,
innezuhalten und mit mentalen Anweisungen
seinen Körper auszurichten. Seine hohe Muskelspannung ließ nach, und der Schädel fand
zu seiner natürlichen Position zurück.

Doch sobald Alexander nur schon daran
dachte, auf der Bühne zu sprechen, aktivierte
er trotzdem immer auch die störende Körperreaktion. Er zog weiterhin den Schädel nach
hinten und unten. Zu mächtig waren die mit
dem Rezitieren verbundenen Emotionen. Dies
brachte ihn auf die Idee, ein Gedankenexperi-
ment zu machen. Statt ans Rezitieren zu denken, dachte er an irgendetwas anderes, z. B.
daran, die Hand zu heben. Dabei bemerkte er,
wie der Wechsel der Gedanken die störende
Körperreaktion abschwächte. Indem er sich
nicht mehr auf sein Handlungsziel fixierte,
konnte er bewusst mit den damit verbundenen
Emotionen umgehen und die störenden Auswirkungen eindämmen.

Mit dieser Form der Gedankenkontrolle bekam er sein Stimmproblem in den Griff und trat
wieder erfolgreich auf. Seine Bühnenpräsenz
war so beeindruckend, dass sich viele Leute
von ihm in seiner Methode unterrichten ließen.

Störende Körperreaktionen abbauen

Wer unerwünschte Körperreaktionen bemerkt,
sollte sie als Teil der eigenen Persönlichkeit anschauen und ihnen versöhnlich begegnen. Regen Sie sich also nicht auf, wenn Sie in einer
schwierigen Situation den Nacken und die
Schultern anspannen, den Atem anhalten oder
die Zehen krallen. Das emotionale Erfahrungs-

gedächtnis hat seine Gründe, diese Reaktionen auszulösen.

Wenn wir innehalten und damit die automatische Abfolge von Gedanken und Bewegungen unterbrechen, die Körperreaktionen wahrnehmen und als zu uns gehörig annehmen, kommen wir in Kontakt mit unseren Emotionen. Sie führen uns zu unseren Wünschen und Bedürfnissen und helfen uns, das situationsgerechte Verhalten zu wählen.

Gestehen Sie es sich ein, wenn Sie in einer Situation Angst haben, wütend werden oder traurig sind, halten Sie inne und fragen Sie sich, was Ihnen im Moment wichtig ist, was Sie jetzt tun möchten.

 Sprechen vor Publikum: Wenn Sie Mühe haben, vor Publikum zu sprechen, lösen Sie sich einen Moment lang von Ihrer Absicht, zu sprechen. Erlauben Sie sich, an etwas ganz anderes zu denken. Nehmen Sie Ihren Körper und Ihre Emotionen wahr. Gestehen Sie sich ein, dass Sie sich fürchten, aber lassen Sie sich von diesem Gefühl nicht dominieren. Nähren Sie sich mit guten Gedanken: Wie gut Sie sich für diese Rede vorbereitet haben, welche Leidenschaft Sie mit Ihrem Thema verbinden oder dass Sie das Publikum beschenken möchten. Und – geben Sie dem Körper Anweisungen, in die Länge und Weite zu wachsen. Dadurch weitet sich der enge Blick auf die aktuelle Situation, und Sie nehmen sich selbst und die Umgebung anders wahr.

Sind wir verspannt und voller ängstlicher Gedanken, verengt sich unsere Wahrnehmung. Wir sehen nur noch das Negative, was wiederum auf unsere Emotionen, unseren Körper und unsere Gedanken zurückwirkt. Aus diesem Regelkreis von Gedanken, Emotionen und Körper entsteht eine Abwärtsspirale.

Mit Innehalten, Wahrnehmen und mentalen Anweisungen durchbrechen wir diesen Mechanismus. Wir gewinnen Distanz zur momentanen Situation. Unser Zustand stabilisiert sich. Mit Gedanken, die positive Emotionen auslösen, gelingt es uns sogar, wieder eine Aufwärtsspirale in Gang zu setzen.

Überlagernde Programme

Von Zielstreben spricht man in der Alexander-Technik, wenn das Programm, welches erfolgreich zum Handlungsziel führt, durch ein anderes Programm überlagert und gestört wird.

Versuche ich etwas besonders gut zu machen, will ich unbedingt vermeiden einen Fehler zu machen, treibt mich der Ehrgeiz, so fällt es mir schwer meine Aufmerksamkeit darauf zu lenken, was im Moment geschieht. In Gedanken bin ich in der Zukunft, ich denke bereits an das Ziel, das ich erreichen möchte und bin nicht beim nächsten Schritt, den ich tun muss, um dieses Ziel zu erreichen. So komme ich vom Weg ab. Ich kann meine Fähigkeiten, die eigentlich vorhanden wären, nicht zur Entfaltung bringen.

Statt ruhig und gelassen einen Vortrag zu halten, bin ich verkrampft und nervös, statt mein Wissen in einer Prüfung abrufen zu können, sind meine Gedanken blockiert, statt meine Einkäufe in Ruhe zu erledigen, vergesse ich die Hälfte der Dinge, die ich kaufen sollte, statt beim Fussball das Tor zu treffen, schiesse ich daneben, statt beim Singen den richtigen Ton zu erwischen, singe ich falsch.

Überlagernde Programme deaktivieren

Das folgende Beispiel zeigt wie man das Zielstreben beim Jonglieren loswerden kann.

 **Jonglieren:** Schauen wir uns zu diesem Thema ein Experiment an, welches ich oft mit meinen Klienten durchführe. Es handelt sich um eine Grundübung aus dem Training für das Jonglieren mit einem Ball. Man wirft einen kleinen Ball mit einer Hand hoch und versucht, ihn mit der gleichen Hand wieder aufzufangen.

Die Alexander-Technik-Version dieser Übung geht nun so: Der Übende gibt sich Anweisungen für die Ausrichtung des Körpers in die Länge und Weite. Und jetzt kommt der wichtige Punkt: Es ist überhaupt nicht wichtig, ob man den Ball fängt oder nicht. Wichtig ist, ruhig stehen zu bleiben und die Ausrichtung beizubehalten. Der Ball darf auf den Boden fallen. Der Jongleur soll sich nicht darum kümmern.

Anfänglich fällt es dem Übenden gar nicht leicht, den Ball fallen zu lassen, wenn er nicht direkt in die Hand fällt. Die Motivation, sicher zu fangen, ist sehr stark, sodass der Jongleur entgegen der Übungsidee handelt. Er streckt seinen Arm aus, macht einen Schritt oder beugt seine Wirbelsäule, um den Ball doch noch zu kriegen. Er muss lernen, dieses Handlungsprogramm zu stoppen und stattdessen seine Aufmerksamkeit auf die Ausrichtung des Körpers zu lenken. Sein Eifer, den Ball fangen zu müssen, schwindet, und mit zunehmender Gelassenheit kann es der Übende hinnehmen, den Ball nicht zu erwischen. Dann geschieht etwas Wundersames: Je weniger er sich Mühe gibt, den Ball zu fangen, desto eher fällt ihm dieser wie von selbst in die werfende Hand zurück. Das überlagernde Programm, welches seine Bewegung störte, ist deaktiviert.

7.4
Störende Emotionen

Furcht, Angst

Furcht ist eine sehr sinnvolle Emotion. Sie warnt uns vor gefährlichen Situationen, schützt uns, hält uns am Leben. Sie mobilisiert unsere Energie, macht uns bereit, erhöhte Anforderungen zu meistern. Vorgewarnt durch das Gefühl der Furcht begegnen wir einer Gefahrenquelle mit Vorsicht oder können sie meiden. Für einen Auftritt vor Publikum gibt sie uns die notwendige Präsenz. Vor einer Prüfung motiviert sie uns für die seriöse Vorbereitung.

Im Unterschied zur Furcht bezieht sich die Angst nicht auf ein Objekt. Sie ist ein diffuses Grundgefühl, das sich nicht so klar begründen lässt.

Angst kann uns körperlich und geistig einengen, den Körper verkrampfen und unsere Wahrnehmung und unser Denken einschränken. Und sie kann einer gesunden Neugierde im Weg stehen.

 Magdalena (55 J.) fürchtete sich vor Sitzungen in ihrer Firma. Sie konnte ihre Meinung dort nicht richtig vertreten, obwohl sie von allen Sitzungsteilnehmern die größte Sachkompetenz hatte. Sie machte zu schnell Kompromisse und war nach der Sitzung frustriert, weil sie sich nicht durchsetzen konnte.

Magdalena war eine hilfsbereite, engagierte Frau, die gewohnt war, sich anzupassen. Ihre Schultern waren etwas nach vorne und unten gezogen, ihre Brustwirbelsäule hatte eine verstärkte Krümmung nach vorne. In der Therapie wurde sie sich ihrer Körperhaltung bewusst und lernte, sich aufzurichten. Sie begann, ihre gewohnten Körperreaktionen wahrzunehmen, und aktivierte mit Anweisungen die aufrechte Körperhaltung – zuerst im Sitzen und Stehen, dann im Gehen. Als sie so ausgerichtet durch den Raum ging, fragte ich nach, wie sich diese Körperhaltung anfühle. Anfänglich war sie Magdalena noch fremd, und sie fand es hochnäsig, so zu gehen. Ich konnte sie aber beruhigen, denn auf mich wirkte sie sympathisch und selbstbewusst, jedoch überhaupt nicht hochnäsig. So konnte sie zulassen, sich mit der neuen Haltung gut zu fühlen.

Als sie in der Therapie genügend Sicherheit gewonnen hatte, experimentierte sie mit der aufrechten Körperhaltung auch im Alltag. In ihrer familiären und beruflichen Umgebung führte dies zu einiger Irritation, war man doch die sich unterordnende Magdalena gewohnt. Es kam zu Konflikten, in denen die Rollen neu ausgehandelt werden mussten. Für Magdalena waren dies nicht nur angenehme Erfahrungen. Zu ihren alten Verhaltensmustern wollte sie aber keinesfalls zurückkehren. Denn sie konnte jetzt ihre Fähigkeiten besser zur Entfaltung bringen und mehr für ihre Bedürfnisse einstehen. Ihr Leben war zwar nicht einfacher, aber lebendiger geworden.

Aggression

Aggression bereitet uns auf einen Kampf vor und sie schützt uns vor destruktivem Verhalten anderer. Sie hilft uns bei der Durchsetzung der eigenen Ziele, beim Abgrenzen gegenüber Ansprüchen anderer.

Die Aggression erhöht die Körperspannung, speziell am Kiefer und im Bauch. Durch die Konzentration auf das Aggressionsobjekt schränken sich die Wahrnehmung und das Denkvermögen ein. Die Umgebung wird ausgeblendet (blind sein vor Wut). Dies verunmöglicht es, ruhig und überlegt die Situation und die eigenen Bedürfnisse zu analysieren.

 Fred (42 J.) ist neuer Abteilungschef und mit der Reorganisation seiner Abteilung beauftragt. Sein Arbeitskollege wäre auch gerne Abteilungsleiter geworden. Fred hat den Eindruck, der Kollege sabotiere seine Arbeit, überschreite oft seine Kompetenzen, versuche andere Mitarbeitende gegen ihn aufzubringen. Nachdem Fred ihn wegen einer konkreten Kompetenzüberschreitung angesprochen hatte, kam es zu einem verbalen Schlagabtausch bis hin zu gegenseitigen Beschimpfungen.

Fred war danach unzufrieden mit seiner Reaktion. Er fand, er hätte sich nicht provozieren lassen sollen. Die Gefühle seien mit ihm durchgegangen.

Fred wünschte sich, ein nächstes Mal besser mit einer solchen Situation umgehen zu können.

In der Therapie begannen wir, an seiner Körperwahrnehmung zu arbeiten. Er lernte, sich zu entspannen und seinen Körper mental auszurichten. Um das Innehalten zu üben, warfen wir uns gegenseitig Bälle zu. Ich gab Fred die Aufgabe, seine Aufmerksamkeit primär auf seine Bewegungsorganisation zu lenken und sich dabei nicht durch das Ballspiel stören zu lassen. Es sei völlig nebensächlich, alle Bälle zu fangen und zielgenau zurückzuwerfen. Trotzdem packte Fred bei diesem Spiel der Eifer, und er spürte, wie sich sein Körper verspannte. Deshalb sollte er, wenn er einen Ball gefangen hatte, zuerst innehalten, sich Anweisungen geben und erst weiterspielen, wenn er sich ausgerichtet und entspannt fühlte.

Als das Innehalten beim Ballspiel klappte, wählten wir als nächste Übungssituation das Boxen. Ich brachte Fred die richtige Körperhaltung und ein paar Schlagtechniken bei. Bei den Schlägen ins Boxkissen legte er sich mächtig ins Zeug und boxte mit hoher Spannung und ganzem Oberkörper. Es war Zeit für eine kleine Pause und einige Gedanken über das Boxen.

Beim Boxen ist die Versuchung groß, nicht nur den Arm mit der Faust nach vorne zu bewegen, sondern den ganzen Körper. Dabei gerät der Boxer jedoch aus seinem Zentrum. Sein Schwerpunkt liegt nicht mehr über der Mitte seiner Füße. Dermaßen aus dem Gleichgewicht geraten, bietet er seinem Gegner ein leichtes Ziel, kann er doch nicht mehr schnell auf einen Gegenangriff reagieren.

Fred beherrschte die Schläge, sollte nun aber versuchen, auf die Ausrichtung des Körpers zu achten, also trotz kräftigen Einsatzes seiner Arme im Mittelteil zentriert zu bleiben und ruhig zu beobachten.

Das Boxen verdeutlicht sehr körperlich, was Fred im Konflikt mit seinem Kollegen passiert war. Er hatte sich zu einem Angriff provozieren lassen, war nicht mehr zentriert. Er verlor den Kontakt zu sich selbst und wurde zu einem Spielball von Aktion und Reaktion. Die Kunst des Kampfes besteht darin, seine Kraft zu nutzen und auszuspielen, aber gleichzeitig in sich zentriert zu bleiben.

Fred wandte diese neuen Verhaltensmuster in seinem Job an und machte damit sehr gute Erfahrungen. Es gelang ihm, in Konfliktsituationen ruhiger zu bleiben.

Trauer

Traurigkeit bereitet uns darauf vor, uns von wichtigen Menschen, Dingen und Zielen zu lösen. Sie hilft uns, uns neu zu orientieren.

Verharren wir lange Zeit in der Trauer und können nicht loslassen, führt dies zu einer Depression. Die Trauer wird verkörpert – sie wird zur Körperhaltung. Die Lebendigkeit geht verloren. Der Kontakt zur Umwelt schwindet.

 Ruth (59 J.) kam wegen Schmerzen in der linken Schulter in die Therapie. Der Schmerz strahlte in den Arm aus. Die Armbewegung war eingeschränkt. Sie zog ihre Schultern nach oben und vorne und hatte einen Buckel entwickelt.

Ich arbeitete mit Ruth in der regenerativen Rückenlage. Sie lernte, sich zu entspannen und von der Unterlage tragen zu lassen. Im Kontakt mit meinen Händen löste sich ihre Anspannung im Nacken und in den Schultern. Die gekrümmte Brustwirbelsäule gewann ihre Länge zurück.

Ich bewegte ihren rechten, schmerzfreien Arm. Ruth hatte die Aufgabe, sich Anweisungen für die Ausrichtung des Mittelteils zu geben und mir die Bewegung des Armes zu überlassen. Das fiel ihr anfänglich gar nicht leicht. Mit der Zeit ließ sich der Arm jedoch ohne Anspannung der Schulter- und Nackenmuskulatur bewegen. Was rechts funktionierte, wollte links dann aber nicht gelingen. Arm und Schulter wurden zwar wieder etwas beweglicher, doch eine Anspannung blieb bestehen.

Ruth war kreativ tätig und malte viel. Um sich den emotionalen Hintergrund ihrer Körperreaktion bewusst zu machen, schlug ich ihr vor, zuhause ein Bild ihrer Schulter zu malen. In der nächsten Therapiestunde brachte sie das Bild einer roten, schmerzenden Schulter mit. Sie erzählte, wie ihr beim Malen bewusst geworden sei, dass die Schmerzen mit dem Tod ihres Ehemanns zu tun haben. Sie vermisse ihn sehr, habe aber das Gefühl, ihre Schulter jetzt nicht mehr anspannen zu müssen.

Und tatsächlich ließ sich der linke Arm nun auch in jenen Bereichen bewegen, wo Ruth aus Angst vor dem Schmerz blockiert hatte. In den folgenden Therapiestunden lernte Ruth, den Arm schmerzfrei zu bewegen.

Ruths Wahrnehmung der Armbewegung war in ihrem Gehirn so stark mit der Angst vor dem Schmerz verbunden, dass sie den Arm gar nicht mehr ohne Schmerzen bewegen konnte. Erst die geführte Armbewegung half ihr, dieses Muster im Gehirn aufzulösen.

Ruth pflegte ihre Bewegungsorganisation im Alltag, indem sie sich täglich eine Viertelstunde in der regenerativen Rücklage hinlegte. Sobald sie spürte, wie sich ihre Schulter wieder verspannte, aktivierte sie ihre neuen Bewegungsprogramme mit mentalen Anweisungen.

7.5
Konditionierte Reaktion

In Kapitel 3 „Wie das Gehirn lernt" (S. 35 ff.) wurde die konditionierte Reaktion als eine Funktion des unbewussten Gedächtnisses bereits am Beispiel von Pawlows Hundeexperiment beschrieben. Im Folgenden geht es nun um ihre Bedeutung für unsere Verhaltenssteuerung.

Wie bereits erwähnt, lernen wir durch unsere Erfahrungen. Durch sie hat sich unser emotionales Erfahrungsgedächtnis entwickelt und sorgt für die Kontinuität unseres Denkens und Handelns. Wir erleben uns als Wesen mit einer ganz bestimmten Identität. Die Menschen in unserer Umgebung erkennen uns an unseren Eigenheiten, da wir uns in vergleichbaren Situationen stets ähnlich verhalten.

Das Lernen aus Erfahrungen ist eine sehr wertvolle Fähigkeit, kann sich aber auch nachteilig auswirken. Nämlich dann, wenn die früheren Erfahrungen Verhaltensweisen auslösen, die in der aktuellen Situation unangemessen, sinnlos oder gar kontraproduktiv sind, z. B. bestimmte Körperhaltungen, muskuläre Anspannungen, Bewegungsmuster für den Schutz oder Angriff.

Wie eine solche konditionierte Reaktion entsteht und wie sie sich wieder auflösen lässt, betrachten wir am Beispiel einer Furchtreaktion.

Kontextkonditionierung von Furcht

 Moritz ist beim Joggen im Wald von einem Hund ins Bein gebissen worden. Das Erlebnis ist als sensorische Information, Emotion (Furcht) und Körperreaktion (Erstarren des Körpers) im emotionalen Erfahrungsgedächtnis abgespeichert. Die Erinnerung an dieses Erlebnis kann durch ähnliche sensorische Informationen reaktiviert werden, beispielsweise durch den Geruch des Waldes, das Rascheln von Laub oder einen ähnlich aussehenden Hund.

Durch das Erlebnis entsteht eine sogenannte Kontextkonditionierung (s. **Abb. 7-3**). Die indirekten Reize wirken später ähnlich wie das

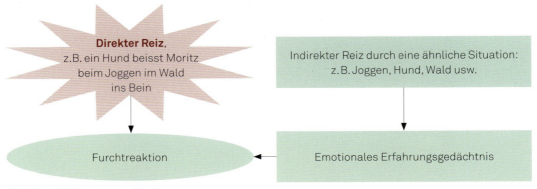

Direkter Reiz, z.B. ein Hund beisst Moritz beim Joggen im Wald ins Bein

Indirekter Reiz durch eine ähnliche Situation: z.B. Joggen, Hund, Wald usw.

Furchtreaktion

Emotionales Erfahrungsgedächtnis

Abbildung 7–3: Kontextkonditionierung

ursprüngliche Erlebnis (Konditionierung). Ein Hund oder das Joggen im Wald (Kontext) sind zu Furchtauslösern geworden.

Es ist der Sinn der Konditionierung, Moritz vor einer ähnlichen Erfahrung zu bewahren. Wenn Moritz heute einen Hund sieht, reduziert er sein Lauftempo und versucht einzuschätzen, ob der Hundehalter sein Tier unter Kontrolle hat. Je nachdem joggt er weiter oder bleibt stehen, bis Hund und Halter an ihm vorbei sind. Ein solches Verhalten ist sinnvoll.

Würde diese Erfahrung aber dazu führen, dass Moritz sich nicht mehr traut, im Wald zu joggen, so wäre dieses Verhalten nicht angemessen. Moritz würde sich um das Vergnügen bringen, im Wald Sport zu treiben. In diesem Fall müsste er unbedingt etwas unternehmen, um diese Furchtreaktion in den Griff zu bekommen.

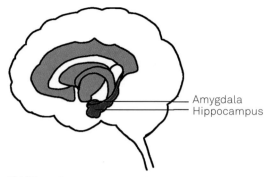

Abbildung 7–4: Längsschnitt durch das Gehirn mit Hippocampus und Amygdala

Der neurophysiologische Hintergrund

Die für die Furchtreaktion entscheidende Hirnstruktur ist die Amygdala (s. **Abb. 7–4**). In ihr sind negative Emotionen wie Furcht, Angst oder Stress abgespeichert. Sie steuert die schnellen überlebenswichtigen Reaktionen wie Flucht, Kampf oder Erstarren. Diese werden aufgrund einer diffusen, eher oberflächlichen Auswertung der Lage aktiviert.

Die Amygdala beurteilt zusammen mit dem Hippocampus, ob eine Situation angenehm oder bedrohlich ist. Wird sie als weniger bedrohlich eingestuft, hemmt der präfrontale Cortex die schnelle Furchtreaktion. Der Verstand hat Zeit, genauer zu analysieren, mögliche Handlungsvarianten zu entwerfen und eine davon auszuwählen.

Der Hirnforscher Joseph LeDoux (LeDoux 2001) illustriert diese zwei Reaktionssysteme an einem guten Beispiel. Ein Wanderer sieht auf dem Weg eine Schlange. Die Amygdala reagiert. Der Wanderer erstarrt sofort vor Schreck. Nach einer Weile nimmt der präfrontale Cortex seine Arbeit auf, und der Wanderer bemerkt seinen Irrtum. Was wie eine Schlange aussah, ist in Wirklichkeit ein dürrer Ast. Der Wanderer kann entspannt des Weges gehen.

Wäre es eine giftige Schlange gewesen, hätte ihn die schnelle Reaktion vor einer lebensgefährlichen Bedrohung bewahrt. Hätte er sich aber der Schlange sorglos genähert, wäre er vielleicht gebissen worden. Dank der automatischen Reaktion blieb der Wanderer, egal ob Schlange oder dürrer Ast, auf der sicheren Seite.

Die Auflösung der Konditionierung

Wir sind unseren Furchtreaktionen (Amygdala) nicht ohnmächtig ausgeliefert. Eine Weile nach der automatischen Reaktion setzt unser Verstand (präfrontaler Cortex) ein und analysiert die Situation. Kommt er zum Schluss, dass die Situation nicht gefährlich ist, beginnt er die Furchtreaktion zu hemmen.

Diese Fähigkeit unseres Gehirns können wir nutzen, um uns von konditionierten Furchtreaktionen zu befreien.

Abbildung 7-5 zeigt das am Beispiel von Moritz und seiner Reaktion auf Hunde:

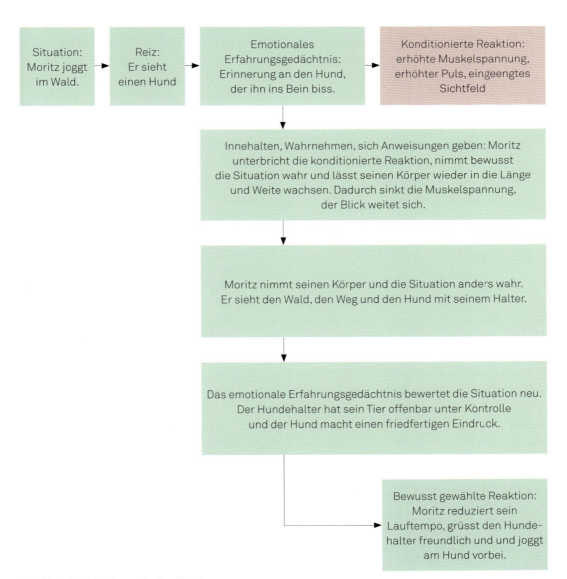

Abbildung 7–5: Auflösung der Konditionierung

7.6
Aufmerksam ans Ziel kommen

Angenommen, Sie müssen zu Fuß zum Bahnhof, sind spät dran und befürchten, den Zug zu verpassen. Dann haben Sie die Wahl zwischen zwei Vorgehensweisen:

1. Sie konzentrieren die Gedanken auf den Zug, der bald losfährt. Die Angst, ihn zu verpassen, wird Ihre Bewegungssteuerung stören, die Wahrnehmung einschränken und die Atmung oberflächlich werden lassen. Vielleicht stolpern Sie in diesem Zustand über einen Bordstein oder wählen aus Versehen den falschen Bahnsteig.

2. Sie lenken die Aufmerksamkeit auf Ihren Körper und wählen Bewegungsprogramme, um schnell zu gehen und trotzdem entspannt zu bleiben. Die Wirbelsäule bleibt aufgerichtet, der Nacken entspannt, die Bewegung der Arme und Beine locker und die Atmung frei. Auf diese Weise kommen Sie schnell, aber nicht abgehetzt zum Bahnhof.

Der Bewegungsorganisation Aufmerksamkeit schenken: „Wenn ich etwas mache, achte ich auch darauf, wie ich es mache." Ein Ziel erreichen wir, indem wir mit unserem Körper einen Weg zurücklegen. Der Kopf ohne Körper kommt nicht ans Ziel. Dies gilt nicht nur für körperliche, sondern auch für geistige Tätigkeiten.Denn die Stärkung der Bewegungsorganisation wirkt sich positiv auf die psychische Verfassung aus: Sie führt zu mehr innerer Ruhe und Gelassenheit. Sie bringt uns in einen besseren Kontakt zu uns selbst, lässt uns klarer spüren, was wir wollen und was nicht.Wir sind weniger anfällig für Ängste und andere unerwünschte Emotionen. Wir sind weniger abhängig von der Meinung anderer Menschen und lassen uns weniger durch äußere Einflüsse stören.Wir können die Dinge in Ruhe auf uns zukommen lassen und darauf

vertrauen, im entscheidenden Moment das Richtige zu tun, uns kreativ und situationsgerecht zu verhalten.

Die richtige Motivation

Der erfahrene Trainer einer Fußballmannschaft sagt seiner Mannschaft vor dem Spiel gegen einen übermächtigen Gegner: „Jungs, genießt das Spiel, so etwas erlebt ihr nicht so schnell wieder." Und die Jungs spielen unbeschwert und können die gegnerische Mannschaft, die in ihrem Kopf schon den leichten Sieg vor Augen hat, mit ihrer Frische und Frechheit überraschen und vielleicht sogar das Spiel gewinnen.

Das Geheimnis des Erfolgs liegt in der Fähigkeit, sich trotz hoher Motivation nicht zu verkrampfen, d. h. für das Erreichen des Ziels nicht die gute Bewegungsorganisation zu opfern. Die der Handlung zugrundeliegende Motivation kann Körperreaktionen auslösen, welche die Bewegungsorganisation stören und die Leistungsfähigkeit vermindern. Der Fußballtrainer lenkte deshalb die Aufmerksamkeit seiner Spieler weg von der Angst vor dem starken Gegner, hin zur Freude auf das Spiel. So eingestimmt, laufen die Fußballer ohne unnötige Anspannung aufs Spielfeld.

Wenn wir eine Arbeit sehr gut, exakt, fehlerlos und schnell machen wollen, ist die Gefahr groß, die Aufmerksamkeit auf dieses Ziel zu fixieren. Dadurch wächst aber auch unsere Angst, es nicht zu schaffen, was wiederum störende Programme aktiviert. F.M. Alexander nannte diesen Effekt das Zielstreben. Er lässt sich vermeiden, indem wir unsere Aufmerksamkeit neben dem Handlungsziel auch auf die Bewegungsorganisation richten. Durch das Innehalten und Wahrnehmen können wir uns unsere Handlungsmotivation und die damit verbundenen Emotionen bewusst machen (z. B.

starker Ehrgeiz; Angst, sich zu blamieren). Oft verliert die Motivation ihre störende Wirkung auf den Körper alleine schon dadurch, dass sie uns bewusst wird.

Das Denken öffnen

Die eigenen Denkgewohnheiten können die Wahrnehmung einengen. Und zwar dann, wenn die Offenheit, eine Situation auch anders als erwartet zu erleben, verloren geht.

Wir alle erfahren die Welt durch unseren persönlichen Denk- und Wahrnehmungsraster. Es geht gar nicht anders. Wir können aber versuchen, die Welt aus verschiedenen Blickwinkeln zu betrachten. Wir müssen uns nicht an unserer Gewohnheit, die Dinge zu sehen, festklammern.

Das Innehalten und die Wahrnehmung des Körpers (s. **Abb. 7–6**) können uns helfen, einengende Denkgewohnheiten an den ausgelösten Körperreaktionen zu erkennen. Mit mentalen Anweisungen gelingt es uns, die Reaktionen abzubauen und so das Denken aus der Fixierung zu lösen. Wir können mit Gedanken experimentieren: Einmal anders über eine Sache nachdenken, eine Wahrnehmung nicht wie gewohnt einordnen, stereotypes Denken und fest gefügte Glaubenssysteme und Selbstbilder verlassen zugunsten eines beweglicheren Denkens, das die Situation und die eigenen Bedürfnisse immer wieder neu beurteilt. Dies verlangt von uns jedoch Wachheit im Hier und Jetzt.

Die Zukunft entsteht aus dem Augenblick. Wenn wir im Augenblick nicht präsent sind, verpassen wir die Möglichkeit, über unsere Zukunft zu entscheiden. Wir merken erst später, dass wir eigentlich anders hätten handeln wollen. Aber dann ist der entscheidende Moment schon wieder vorbei.

Vorwegnehmendes oder in der Vergangenheit verhaftetes Denken zieht unsere Aufmerksamkeit weg vom Moment, vom unmittelbaren Erleben.

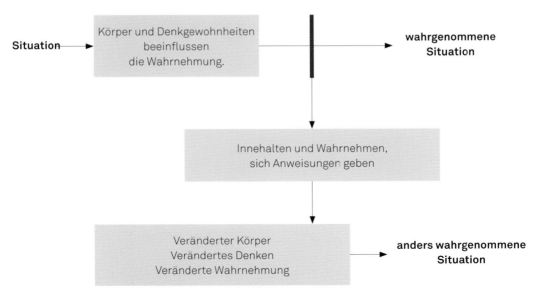

Abbildung 7–6: Mit Alexander-Technik-Instrumenten die Wahrnehmung und das Denken verändern

8
Sich im Stress nicht verlieren

8.1
Guter Stress – negativer Stress

Guter Stress – eine lebendig machende Herausforderung

Stress ist normal und gehört zum Leben. Er ist die Reaktion unseres Organismus auf eine belastende oder bedrohende Situation. Gelingt es uns, diese unter Kontrolle zu bringen, so ist Stress ein gesunder Zustand mit einer erhöhten Anforderung an unser körperliches und geistiges Leistungsvermögen. Das Gehirn trifft Maßnahmen, um die zusätzliche Belastung zu bewältigen, und erhöht dazu Blutdruck, Herzschlag, Atemfrequenz, Blutzuckerspiegel und Muskeltonus. Wir sind bereit zu reagieren, unsere Sinne sind geschärft. Um die Plastizität unseres Gehirns zu erhalten, ist guter Stress sogar notwendig. Er fordert uns heraus, neue Denk- und Handlungsmöglichkeiten zu entwickeln und uns von gewohnten, aber nicht mehr angepassten Verhaltensweisen zu verabschieden. In diesem Sinn erhält uns Stress lebendig.

Negativer Stress – eine Situation gerät außer Kontrolle

Manchmal sind wir nicht nur gefordert – wir sind überfordert. Eine Situation wächst uns über den Kopf, wir fühlen uns unwohl, bedrängt oder gar bedroht. Gelingt es uns nicht, die Situation unter Kontrolle zu bringen, entsteht negativer Stress. Unsere Bewegungsorganisation wird gestört, wir verspannen uns und verlieren die innere Ruhe und Gelassenheit.

 Stellen Sie sich vor, Sie stecken mit Ihrem Auto im Stau und verpassen deshalb das Vorstellungsgespräch für einen Job, den Sie unbedingt haben möchten. Diese Situation macht Sie ohnmächtig, weil sie sich nicht unter Kontrolle bringen lässt.

Ihr Puls ist erhöht. Sie schwitzen, und Ihre Muskulatur ist angespannt.

Doch all diesen Körperreaktionen ist eines gemeinsam: Sie nützen Ihnen in der momentanen Situation nichts, sie helfen Ihnen nicht, Ihr Ziel zu erreichen. Es sind unnötige, störende Stressreaktionen.

Der emotionale Motor hinter dem Stress ist die Angst, die entsteht, wenn wichtige persönliche Werte und Ziele (Beziehungen, Gesundheit, Anerkennung, Sicherheit, Besitz) bedroht sind.

Stressreaktionen – ein entwicklungsgeschichtlich altes Verhaltensmuster

Stressreaktionen sind Verhaltensmuster, die auf unsere Vorfahren in der Steinzeit zurückgehen. Sie wurden entwickelt, um in elementaren Bedrohungssituationen überleben zu können.

Wurde der Steinzeitmensch von einem wilden Tier bedroht, versuchte er zuerst zu fliehen. Gelang das nicht, musste er gegen das Tier kämpfen. War dies aussichtslos, blieb nur noch das Erstarren, in der Hoffnung, dass der Angreifer dadurch sein Interesse verlieren würde.

Diese Notprogramme sind für körperliche Höchstleistung (Flucht oder Kampf) ausgelegt. Unser Organismus fährt die Leistungsbereitschaft (Atmung, Puls, Kreislauf) hoch und reduziert die Durchblutung von Organen, die im Moment nicht unmittelbar lebenswichtig sind (z.B. Verdauung). Bedrohliche Situationen, welche uns körperlich in dieser Weise fordern, sind im heutigen Leben selten. Und trotzdem verhält sich unser Organismus immer noch auf dieselbe Art. Seine biologische Reaktion und unser äußeres Verhalten stehen in einem Widerspruch: Wir müssen stressige Situationen aushalten, ohne die mobilisierte Energie in Bewegung umsetzen zu können. Statt uns zu unterstützen, führt die Stressreaktion zu einer Störung der Bewegungsorganisation.

Stressreaktion als Aufforderung zum Wachstum

Die Welt, die uns stresst, lässt sich nur sehr beschränkt verändern. Wir haben aber Einfluss auf die Art, wie wir auf Stressreize reagieren. Wir können lernen, unsere Stressanfälligkeit zu verringern und Stressreaktionen frühzeitig zu erkennen und abzubauen.

Eine differenzierte Körperwahrnehmung lässt uns stressbedingte Störungen der Bewegungsorganisation schon an kleinen Anzeichen, wie der Anspannung der Zunge, der Zehen oder der Einschränkung der Atembewegung erkennen. Durch einen kompetenten Umgang mit diesen ersten, körperlichen Stressreaktionen können wir ein Hochschaukeln der Reaktionen verhindern (s. S. 88 ff.)

Indem wir präventiv die Qualität der Bewegungsorganisation erhöhen, sind wir weniger stressanfällig, bleiben zentriert und reagieren dynamisch auf äußere Einflüsse. Die Muskulatur verhärtet sich nicht. Wir bleiben mit unseren Gefühlen in gutem Kontakt, sind wach und können im Moment situationsgerecht reagieren (s. S. 90 ff.)

8.2
Wie Stress entsteht

Überblick

Um die Entstehung von Stress zu verstehen, müssen wir drei Faktoren unterscheiden: die Stressoren, die auf uns einwirken, die persönliche Stressverarbeitung und die ausgelösten Stressreaktionen (s. **Abb. 8–1**).

Stressoren

Beispiele für Stress erzeugende Erfahrungen:
- Arbeit: Zeitdruck, Überforderung, Probleme mit Vorgesetzten oder Mitarbeitenden, Pensionierung, Arbeitslosigkeit, finanzielle Sorgen
- Wohnen: schlechte Wohnsituation, Wohnungswechsel
- Familie: Partnerschaftskonflikte, Probleme mit den Kindern, Pflege von Angehörigen
- Selbst: Bedrohung des Selbstwertgefühls, drohender Verlust der Selbstachtung, chronische Krankheit.

Neben diesen länger andauernden Stresssituationen wirken zudem die kleinen Stressoren des Alltags: ein schwieriges Kundengespräch, eine unangenehme Auseinandersetzung mit einem Nachbarn, der verlegte Schlüssel, das Stehen im Verkehrsstau usw.

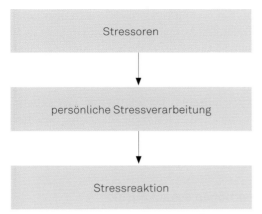

Stressoren	**Belastung**
persönliche Stressverarbeitung	**eigener Umgang mit Belastungen (Denkmuster, Bewegungsorganisation)**
Stressreaktion	**körperliche, emotionale und kognitive Reaktionen**

Abbildung 8–1: Entstehung von Stress im Überblick

Verschiedene Stressreize können gemeinsam wirken, sodass sich ihre Wirkungen auf unseren Organismus überlagern. Zu einer seit langem anhaltenden schwierigen Situation am Arbeitsplatz kommt ein Konflikt mit der Partnerin hinzu, und schließlich springt das Auto nicht an, wenn man zur Arbeit sollte. Die Belastungen türmen sich auf, sodass wir an unsere psychische Belastungsgrenze stoßen.

Persönliche Stressverarbeitung

Menschen reagieren unterschiedlich auf die gleichen Stressoren. Das liegt an der individuellen Stressverarbeitung. Ähnlich wie nicht jeder Baum gleich auf den starken Sturm reagiert: Solche mit starken Wurzeln und elastischen Stämmen widerstehen dem Wind besser als jene mit schwachen Wurzeln und steifen Stämmen.

Eine gute Verankerung (Bewegungsorganisation) und eine gesunde Flexibilität (mental und körperlich) erleichtern auch uns Menschen die Stressverarbeitung.

Kompetentes persönliches Stressmanagement ist die Fähigkeit, in Stresssituationen bewusst zu reagieren und die eigenen mentalen und körperlichen Ressourcen optimal zu nutzen.

8.3
Stressreaktionen

Körperliche Reaktionen

Schätzt das emotionale Erfahrungsgedächtnis eine Situation als bedrohlich ein, schlägt es Alarm. Die Nervenzellen der Amygdala erhöhen ihre Aktivität. Wir erleben Angst oder Aggression oder beides zusammen. Die Amygdala alarmiert das Stresszentrum im Hirnstamm, welches durch die Ausschüttung des Hormons Noradrenalin sofort Atmung, Puls und Kreislauf hochtreibt. Die Nebennieren setzen das Hormon Adrenalin frei und bringen den Körper in Flucht- oder Kampfbereitschaft.

Wenn wir der Gefahr entkommen sind oder die Situation sich wieder normalisiert hat, stoppt das Stresszentrum die Aussendung der Alarmsignale. Der Körper beruhigt sich, und die Stresshormone werden wieder abgebaut.

Bleibt die Bedrohung jedoch bestehen und bekommen wir die Situation nicht in den Griff, alarmiert die Amygdala die Großhirnrinde, und die Nebennierenrinde setzt das Hormon Cortisol frei. Der Organismus wird so auf eine länger anhaltende Bedrohungssituation vorbereitet. Die Erhöhung des Blutzuckers steigert die Leistungsfähigkeit. Cortisol wirkt außerdem entzündungshemmend und antiallergisch, schwächt aber das Immunsystem.

Unser Körper reagiert unter Stress zudem mit erhöhter Muskelspannung (besonders im Schulter-, Nacken- und Rückenbereich) sowie schnellerer und flacherer Atmung. Das Herz schlägt schneller und kräftiger, die Körperperipherie und der Verdauungstrakt werden weniger durchblutet, dafür fließt mehr Blut durch die Skelettmuskulatur. Das Hirn wird aktiver, und wir schwitzen mehr.

Hält der Stress lange an, reagieren unsere individuellen Stressindikatoren. Bei einigen verspannen sich der Nacken, die Schultern oder der untere Rücken, bei anderen der Kiefer und die Zunge. Es können aber auch der Kopf, das Knie oder der Bauch schmerzen. Jeder Mensch hat seine Schwachstelle, die sich beim Überschreiten der Stresstoleranzschwelle meldet.

Neben dem Körper passen sich auch unser Denken und Fühlen dem Stress an.

Kognitive und emotionale Reaktionen

Sind wir gestresst, beginnen wir uns Vorwürfe zu machen: Hätte ich doch dies und das gemacht, dann wäre es nicht so weit gekommen. Oder es entstehen Schuldgefühle: So etwas kann ja auch nur mir passieren. Ich bin einfach nicht fähig, es richtig zu machen.

Oder wir empfinden Wut auf jene Menschen, denen wir die Schuld an unserer gegenwärtigen Situation zuweisen. „Grüblerische" Gedanken beginnen im Kopf zu kreisen und blockieren ein lösungsorientiertes Denken. Stattdessen entsteht eine Leere im Kopf. Die Gedanken flat-

tern. Ein vernünftiges Nachdenken über einen befreienden Ausgang aus der Situation ist nicht möglich. Auch unsere Wahrnehmung ist eingeschränkt. Wir haben einen Tunnelblick und sehen selbst naheliegende Lösungen nicht. Wir werden unruhig, nervös, fühlen uns gehetzt. Wir haben die Kontrolle über die Situation verloren. Ein Gefühl von Ohnmacht entsteht. Wir fühlen uns hilflos.

Reaktionen schaukeln sich gegenseitig hoch

Die körperlichen und die kognitiv-emotionalen Reaktionen gehen nicht nur nebeneinander her, sie schaukeln sich auch gegenseitig hoch. Die körperlichen Stressreaktionen werden selbst zu einem stressverstärkenden Faktor.

Die erhöhte Muskelspannung reduziert Wohlbefinden und Leistungsfähigkeit, vermindert Beweglichkeit und Koordination. Die Bewegungen sind ungeschickter, die normalen Fähigkeiten sind nicht abrufbar. Wir werden tollpatschig und straucheln über jeden Teppichrand. Das ärgert und reizt uns noch mehr, was wiederum die Wahrnehmungs- und Denkfähigkeit einschränkt. Wir machen Fehler und verspannen uns zusätzlich. Ein sich hochschaukelnder Prozess kommt in Gang.

8.4
Kompetenter Umgang mit Stresssituationen

Körperliche Reaktionen abbauen

Das muskuläre Spannungsmuster bei Stress: sich zusammen und nach oben ziehen (**Abb. 8–2a** und **b**).

So können diese Spannungsmuster durch mentale Anweisungen aufgelöst werden (s. **Tab. 8–1**):

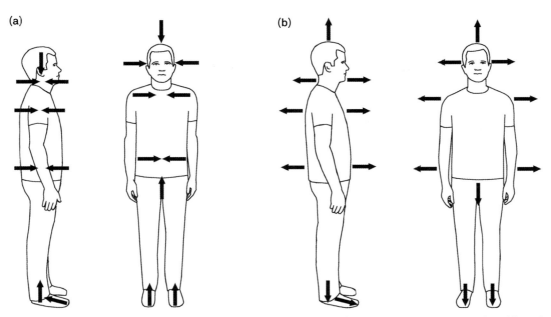

Abbildung 8–2a und b: Das Zusammenziehen (a) und wieder Ausrichten (b) des Körpers bei Stress, seitlich und frontal betrachtet

Tabelle 8–1: Mit mentalen Anweisungen stressbedingte Körperreaktionen auflösen

Stressbedingte Körperreaktion	Mentale Anweisung
Die Fersen nach oben ziehen. Die Beinmuskulatur ist steif.	Ich lasse meine Fersen in den Boden sinken und leite mein Körpergewicht durch die Fersen in den Boden ab.
Die Zehen in den Boden drücken.	Ich lasse die Zehen lang und weich auf den Boden legen.
Die Muskulatur im unteren Rücken ist angespannt.	Ich lasse mein Kreuzbein nach unten sinken.
Die Bauchmuskulatur ist angespannt. Die Atembewegung geht nicht bis ins Becken.	Meine Atembewegung darf den ganzen Bauchraum nach vorne, nach hinten, auf die Seiten und nach unten ausfüllen. Die Beckenbodenmuskulatur darf sich parallel zum Zwerchfell nach oben und unten bewegen.
Die Nackenmuskulatur ist versteift.	Ich lasse meinen Rücken lang und weit werden, und meinen Schädel nach vorne und oben gehen.
Die Schultern sind hochgezogen.	Ich lege meine Schultern auf die Rippen ab.
Der Unterkiefer ist nach hinten und oben gezogen.	Ich lasse meinen Unterkiefer nach unten und vorne gehen.
Die Zunge drückt gegen den Gaumen	Ich lasse die Zunge im Unterkiefer liegen.
Die Zähne sind zusammengebissen.	Der Unterkiefer darf nach unten und vorne gehen.
Der Blick ist eng.	Mein Blick darf weit werden.

Prüfungsstress: Schon der Gedanke an eine bevorstehende Prüfung löste bei Urs (21) ein Hochziehen der Schultern aus.

In der Therapie hatte Urs die Erfahrung gemacht, wie sich sein Körper im nicht gestressten, entspannten Zustand anfühlt. Er hatte gelernt, Gedanken zu stoppen und seine Aufmerksamkeit stattdessen auf die Körperwahrnehmung zu lenken. Er war fähig, seine körperlichen Reaktionen bei Stress zu erkennen: hochgezogene Schultern, erhöhte Körperspannung, fehlende Atembewegung im Bauch usw. Mit mentalen Anweisungen gelang es Urs, diese Reaktionen zu vermindern. Die Schultern senkten, die Muskeln entspannten sich, die Atembewegung war wieder bis in den Bauchraum fühlbar. Dadurch beruhigten sich auch seine Gedanken und Gefühle, was ihn befähigte, die gegenwärtige Situation zu analysieren. Wenn Urs sich die bevorstehende Prüfungssituation vorstellte, dominierte nicht mehr seine Angst zu versagen. Er konnte sein Denken öffnen, sich den Raum vorstellen, in dem die Prüfung stattfindet, die Experten auf der einen Seite des Tisches und er selbst auf der anderen Seite. Die Prüfer verloren dabei ihre bedrohende Wirkung. Urs konnte in ihnen die Menschen sehen, die ihre Arbeit machen. Er war nicht ihr Opfer, sondern ein Mitspieler in dieser Prüfungssituation.

Am Prüfungstag gelang es Urs, ruhig zu bleiben und sein gelerntes Wissen abzurufen. Er hatte den Eindruck, den Experten als gleichwertige Person gegenüber gesessen zu haben.

Durch das Abbauen von Körperreaktionen kann das Hochschaukeln von körperlichen und kognitiv-emotionalen Reaktionen verhindert werden.

Es bewährt sich deshalb, die ersten Anzeichen von körperlichen Stressreaktionen als Frühwarnsystem zu nutzen und die Alexander-Technik-Instrumente anzuwenden.

Eine gute Stressprävention ist die Basis für den erfolgreichen Umgang mit Stresssituationen. So bleiben Sie länger ruhig und gelassen. Sollten sich doch Körperreaktionen bemerkbar machen, fällt es leichter, diese wieder abzubauen.

8.5
Stressprävention

Pflegen Sie Ihre Bewegungsorganisation

Ein gut funktionierender Organismus reagiert elastisch auf Belastungen, kann bei Bedarf zusätzliche Energien mobilisieren und zeigt keine Funktionsstörungen (Atmung, Verdauung, Verspannungen und Schmerzen im Bewegungsapparat). Pflegen Sie deshalb Ihre Bewegungsorganisation, damit Sie den Belastungen des Lebens leichter entgegentreten können.

Eine bis an die Grenze gespannte Stahlfeder wird bei einer zusätzlichen Belastung brechen. Ist sie aber nur halb gespannt, erträgt sie auch gut eine zusätzliche Belastung.

Beispiele für die Pflege der Bewegungsorganisation im Alltag:
- die Zunge im Unterkiefer ablegen und mit der Zungenspitze die unteren Schneidezähne von hinten berühren (s. S. 182)
- die Welt zwischendurch mit dem Panoramablick anschauen (s. S. 192).
- dem Körper immer wieder Anweisungen zur Ausrichtung in die Länge und Weite geben (s. S. 106).
- täglich 15 Minuten in der regenerativen Rückenlage liegen (s. S. 99 ff.).
- der Atembewegung erlauben, den ganzen Bauch- und Beckenraum auszufüllen (s. S. 175 f.).

Körperwahrnehmung ist Selbstwahrnehmung

Wenn wir mit unserem Körper in einem guten Kontakt sind, sind wir es auch mit unseren Gefühlen. Wir wissen, wer wir sind, was wir wollen und auch, was wir nicht wollen. Wir spüren, wohin unser eigener Weg führt, und lassen uns weniger von außen bestimmen.

Darum nutzen Sie die Reaktionen des Körpers als Aufforderung, Ihr Verhalten zu überprüfen. Gibt Ihnen das emotionale Erfahrungsgedächtnis mit positiven Körperreaktionen das Okay zu Ihrer Handlungsabsicht oder warnt Sie Ihr Körper mit negativen Signalen, damit Sie sich die Sache noch einmal überlegen? (Siehe Kapitel 3 „Wie das Gehirn lernt" auf S. 35 ff.)

Wenn wir fähig sind, die eigenen Körperreaktionen wahrzunehmen, können wir entsprechend handeln. Wir lernen, ehrlich mit uns umzugehen, indem wir zu unseren Empfindungen stehen. Derart selbstbestimmt sind wir weniger stressanfällig.

Mentale Stressverstärker reduzieren

Wir sind nicht unsere Gedanken. Gedanken sind austauschbar.

Gedanken prägen unser Leben, unser Verhalten. Entweder fördern sie die gute Bewegungsorganisation oder stören sie. Da der Körper auf die Gedanken reagiert, können wir ihn nutzen, um stressverstärkende Denkmuster zu erkennen und abzubauen.

Achten Sie auf Ihre Denkmuster und versuchen Sie, auch einmal anders zu denken. **Tabelle 8-2** gibt Ihnen Hinweise, welches Denken Ihren Stress vermindern könnte.

Tabelle 8–2: Stressverstärkendes Denken – stressverminderndes Denken

Stressverstärkendes Denken	Stressverminderndes Denken
Unfähigkeit, eigene Leistungsgrenzen zu akzeptieren	Ich kenne meine Möglichkeiten und Grenzen. Ich kann „stopp" sagen.
hohe Leistungserwartung	Man kann sich nicht immer fordern, muss auch Pausen machen, genießen können.
Perfektionismus	Das Leben als Experiment betrachten: Es darf auch einmal etwas schiefgehen.
besser sein als alle anderen übertriebener Ehrgeiz Verbissenheit	den eigenen Lebensrhythmus kennen und beachten sich in einem gesunden Bereich fordern, aber nicht ständig überfordern
übersteigerter Idealismus: „Die Welt sollte meinen Idealen entsprechen." „Ich muss die Welt verändern."	realistische Sicht auf die Welt und die eigenen Einflussmöglichkeiten
Pessimismus; negative Brille: „Alles läuft immer schief."	Blick für die erfreulichen Dinge im Leben entwickeln, sich freudige Erlebnisse schaffen
Ängstlichkeit: „Ich sehe die Gefahr kommen."	offene Wahrnehmung, nicht nur auf die Gefahr fixiert sein
starkes Harmoniestreben, es allen recht machen wollen Abhängigkeit von der Anerkennung durch andere	Konflikte gehören zum Leben. „Es müssen mich nicht alle lieben."
Einzelkämpfertum: „Ich kann es alleine."	sich helfen lassen; anderen vertrauen
Vorurteile, verzerrte Wahrnehmung Schwarzweißdenken, generalisieren, etikettieren	versuchen, die eigene Wahrnehmung zu öffnen und weniger zu bewerten
Ungeduld „mit dem Kopf durch die Wand"	„Don't push the river." Spüren, wo der Fluss hingeht. Den Dingen Zeit lassen, sich zu entwickeln.
Im Widerspruch zum eigenen Wesen stehen. Sich abstrampeln, Energie verlieren und trotzdem nicht vorwärts kommen.	Den eigenen Weg finden. Die eigenen Bedürfnisse erkennen.

Paddeln: Stellen Sie sich vor, wie Sie mit einem Kanu über einen See paddeln. Sie stechen das Paddel vor Ihrem Körper ins Wasser, ziehen es nach hinten, wo Sie es aus dem Wasser nehmen, um es erneut vorne einzutauchen. Mit jeder Paddelbewegung ziehen Sie das Kanu durchs Wasser. Man kann diese Bewegung sehr schnell und mit großem Kraftaufwand ausführen, erzeugt damit aber nur viele Wasserwirbel, ohne das Kanu groß zu beschleunigen. Oder man zieht das Paddel so durchs Wasser, dass es zu einer maximalen Kraftübertragung auf das Boot kommt. Mit minimalem Kraftaufwand erzeugt man eine möglichst große Beschleunigung.

Während die erste Paddelmethode sehr anstrengend und wenig effizient ist, ist die zweite genau das Gegenteil. Methode eins basiert auf der Überzeugung, mit viel Kraftaufwand das beste Ergebnis zu erzielen. Sie ist frustrierend. Ein Paddler, der die zweite Methode anwendet, aufmerksam seinen Krafteinsatz und dessen Wirkung auf das Boot beobachtet, erreicht ein Maximum an Wirkung. Das Kanufahren macht Spaß. Die Selbststeuerung dieses Paddlers ist nicht von einem festen Denkmuster bestimmt. Er nimmt wahr und reagiert flexibel auf das aktuelle Geschehen.

 Ich mache noch schnell... Das schnelle Gehen mit nach vorne gestrecktem Kopf ist ein körperlicher Ausdruck von stressverstärkendem Denken. Statt in der Mitte ruhend, mit dem Körperschwerpunkt über den Fußgelenken, streben wir nach vorne, wollen schnell sein, den vollen Einsatz geben, die Zukunft möglichst schon vorwegnehmen. Wir sind überzeugt, das Beste zu geben. Wir strengen uns an und haben den Eindruck, sehr viel zu leisten. In Wirklichkeit belastet dieses Denkmuster unseren Organismus nur unnötig. Wir schwächen die Bewegungsorganisation, indem wir uns verspannen, und reduzieren damit unsere Leistungsfähigkeit.

9
Das Neue wagen

Wenn Sie den ersten Buchteil gelesen haben, wissen Sie eine ganze Menge über die Alexander-Technik. Bei den Selbstexperimenten im zweiten Buchteil können Sie es nun anwenden. Dieser Schritt in die Praxis ist ein Schritt ins Unbekannte, der sich nicht gedanklich vorwegnehmen lässt. Ohne die praktische Erfahrung können wir nicht wissen, wie sich neue Bewegungsprogramme anfühlen. Darum: Lassen Sie Ihre Gewohnheiten hinter sich und probieren etwas Neues aus.

Sie können entdecken,
- wie sich Ihr Körper wohler anfühlt
- dass Ihre Körperhaltung eine ganz andere sein könnte
- wie Ihr Kopf ganz leicht wird
- wie dank natürlicher Bewegungsorganisation Rückenschmerzen verschwinden
- wie Ihr Körper atmet
- wie Gehen und Laufen zum Genuss werden
- wie die Welt anders aussehen kann.

Vielleicht entdecken Sie neue Seiten an Ihrer Persönlichkeit, z. B.:
- mehr Gelassenheit
- mehr Ausstrahlung und Präsenz
- gesteigerte Kreativität
- geringere Stressanfälligkeit.

Ich erinnere mich an eine alte Grafik. Ein Mensch kniet auf der Weltscheibe, über ihm ist die Himmelkuppel mit den Sternen. Er streckt seinen Kopf durch diese Himmelskuppel und erblickt dahinter das Universum mit seinen unendlich vielen Sternen und Planeten.

Unsere Gewohnheiten sind nur die begrenzende Himmelskuppel. Wenn wir es wagen, sie zu durchstoßen, entdecken wir, dass noch viel mehr möglich wäre, als wir bisher gedacht haben.

Teil 2

Selbstexperimente

Die Selbstexperimente ermöglichen Ihnen, die eigenen Bewegungsmuster zu überprüfen und wo nötig anzupassen.

Die Experimente bauen aufeinander auf, können aber auch einzeln herausgepickt und durchgeführt werden. Wählen Sie also ein Selbstexperiment aus. Lesen Sie es durch und folgen Sie dann der Anleitung. Nehmen Sie sich Zeit, das Experiment in Ruhe durchzuführen. Neugierde und Freude am Ausprobieren sind entscheidend für den Erfolg, den Sie aus dieser Erfahrung ziehen.

Führt das Experiment zu einer angenehmen Körpererfahrung, wiederholen Sie es so oft und wo immer Sie Lust dazu haben.

Vielleicht werden Sie feststellen, dass die Art, wie Sie normalerweise stehen, sehen, sitzen, den Arm bewegen oder sprechen, zu einer Störung der natürlichen Bewegungsorganisation führt. Wenn Sie sich entscheiden, ein neues Bewegungsprogramm zu erlernen, gehen Sie vor, wie in Kapitel 5 „Natürliche Bewegungsprogramme installieren" (S. 53) und Kapitel 6 „Natürliche Bewegungsprogramme anwenden" (S. 61) beschrieben. Diese Lernschritte und die Instrumente zur Aktivierung neuer Bewegungsprogramme werden zum Erfolg führen.

Eine neue Körperhaltung oder Bewegung sollte nicht anstrengend sein, wie etwa das weitverbreitete „Sich-gerade-Hinsetzen", das man den Kindern beizubringen versucht. Sitzen in einer aufgerichteten Position sollte sich angenehm und leicht anfühlen. Wer den Kopf mit unnötiger Muskelkraft nach oben stößt, bringt sich in eine steife und verkrampfte Sitzhaltung. Das emotionale System bewertet dies zu Recht negativ und signalisiert, eine solche Position zu vermeiden.

Vertrauen Sie beim Erlernen neuer Bewegungsprogramme auf Ihr Gefühl. Wiederholen Sie nur Bewegungserfahrungen, die angenehm sind. Eine neue Bewegungserfahrung kann anfänglich irritierend sein. Doch wenn Sie dieses fremde Gefühl eine Weile lang aushalten, wird sich das Nervensystem daran gewöhnen.

Falls Sie die Selbstexperimente neugierig gemacht haben und Sie sich intensiver mit der Alexander-Technik beschäftigen möchten, arbeiten Sie am besten mit einem Therapeuten zusammen (im Anhang auf Seite 201 stehen die Kontaktadressen, über die Sie jemanden in Ihrer Nähe finden). Profitieren Sie von seiner geschulten Wahrnehmungsfähigkeit und der effizienten Vermittlung neuer Bewegungserfahrungen.

10
Liegen – ein Geschenk

10.1
Die regenerative Rückenlage –
Die Alexander-Technik-Basisübung

Legen Sie sich in der regenerativen Rückenlage (s. **Abb. 10–1**) auf einer Gymnastikmatte oder Decke auf den Boden. Die Unterlage sollte nicht zu weich sein, damit Ihr Körper über den Druck vom Boden die notwendigen Informationen erhält, um angespannte Muskulatur zu entspannen.

Beine anwinkeln. Der untere Rücken bekommt so mehr Kontakt zum Boden als bei ausgestreckten Beinen. Füße schulterbreit voneinander entfernt und nah am Becken hinstellen.

Den Kopf mit einem oder mehreren Büchern unterstützen. Die Höhe der Unterstützung ist individuell und hängt von der Form der Wirbelsäule ab. Ist die Brustwirbelsäule eher gebeugt, benötigt der Kopf mehr Unterstützung. Als Regel gilt: Der Nacken soll sich lang anfühlen, und es darf kein Druck auf den Kehlkopf entstehen.

Abbildung 10–1: Die regenerative Rückenlage

In dieser Position prüfen:

- Wo hat der Rücken Kontakt zur Unterlage, wo nicht?
- Achten Sie besonders auf den unteren Rücken und die Schultern. Hat der untere Rücken Kontakt zur Unterlage oder wölbt er sich nach oben?
- Liegen die Schultern auf oder sind sie angehoben?
- Gibt es Unterschiede zwischen der rechten und der linken Körperseite?

Die Referenz der flachen, harten Unterlage gibt Informationen über die Form des Rückens, über ein hohles Kreuz, eine stark gekrümmte Brustwirbelsäule, nach vorne gezogene Schultern oder über Asymmetrien im Körper.

Stellen Sie fest, dass Ihr Rücken an einigen Stellen keinen Kontakt zur Unterlage hat, so korrigieren Sie nichts. Belassen Sie es bei der Wahrnehmung und lassen Sie die Schwerkraft an Ihrem Körper arbeiten. Nach 15 Minuten Liegen in der regenerativen Rückenlage wird spürbar, wie der Körper von alleine zu einer besseren Ausrichtung gefunden hat und sich leichter und entspannter anfühlt.

10.2
Der Beckentrick – Wie die Wirbelsäule noch länger werden kann

Becken auf die linke Seite kippen, sodass die rechte Hand (Handfläche nach unten) unter das Becken geschoben werden kann. Dann auf die gleiche Weise die linke Hand unterschieben. Das Becken liegt jetzt auf den Handrücken. Einen Moment so liegen. Dann die Hände nach unten in Richtung Fersen schieben, bis Ihr Becken wieder auf dem Boden liegt (s. **Abb. 10–2a–d**). Beachten Sie jetzt den unteren Rücken. Hat sich der Kontakt zum Boden verstärkt? Wenn nicht, versuchen Sie es noch einmal.

Der Beckentrick hat zwei Auswirkungen: Er dreht das Becken in den Hüftgelenken und zieht die Wirbelsäule ein wenig in die Länge. So erhält der untere Rücken mehr Kontakt zur Unterlage.

(a)

(b)

(c)

(d)

Abbildung 10–2: Die Wirbelsäule in die Länge legen

10.3
Die Wirbelsäule in den Boden sinken lassen

 In der regenerativen Rückenlage liegen und die Hände auf den Bauch legen. Die Bewegung wahrnehmen, die durch das Ein- und Ausströmen der Luft entsteht.

 Ich lasse bei jedem Ausatmen das Becken, die Lendenwirbel, die unteren Rippen, die Schulterblätter, die Schultergelenke und den Schädel in den Boden sinken.

Ich lasse die ganze Wirbelsäule vom Becken bis zum Schädel mit jedem Ausatmen mehr und mehr in den Boden sinken (s. **Abb. 10–3**).

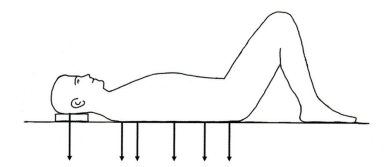

Abbildung 10–3: Die Wirbelsäule in den Boden sinken lassen

10.4
Dem Mittelteil Länge und Weite geben

Verstärken Sie die Ausrichtung des Mittelteils beim Liegen in der regenerativen Rückenlage mit mentalen Anweisungen:

Ich lasse meinen Mittelteil in die Länge und Weite wachsen.

Die Wirbelsäule kann nach oben und unten wachsen.

Die Schlüsselbeine können vom Brustbein weg wachsen und über die Schultergelenke hinaus in die Weite wachsen.

Das Becken kann in die Weite wachsen (s. **Abb. 10–4** und **Abb. 10–5**).

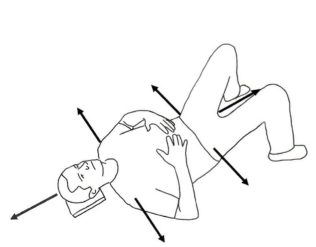

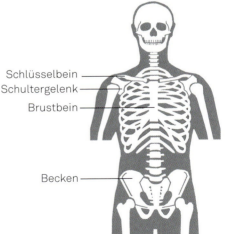

Abbildung 10–4: Anweisungen zur Ausrichtung des Mittelteiles in der regenerativen Rückenlage

Abbildung 10–5: Skelett des Mittelteils

10.5
Die regenerative Rückenlage als tägliche Selbstpflege

 Integrieren Sie das Liegen in der regenerativen Rückenlage wie das Zähneputzen als Ritual der Selbstpflege in Ihren Tagesablauf. 15 Minuten pro Tag zum Entspannen und Ausrichten.

11
Stehen – die Ausgangsposition

11.1
Frontal vor dem Spiegel stehen

Stellen Sie sich ohne Schuhe frontal vor den Spiegel und betrachten Sie die Art, wie Sie stehen. Lassen Sie sich dabei von den folgenden Fragen leiten:

In welche Richtung schauen die Zehen: nach vorne oder zur Seite? Steht ein Fuß weiter vorne als der andere?

Sind beide Füße gleich belastet oder trägt der eine Fuß mehr Gewicht als der andere?

Ist das Becken in der Mittelachse oder ist es etwas zur Seite verschoben?

Die Schultern betrachten: Sind sie auf gleicher Höhe oder ist eine Schulter höher als die andere?

Ist der Kopf seitlich geneigt oder auf eine Seite gedreht?

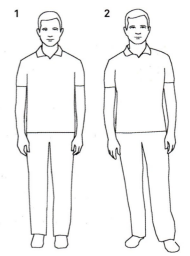

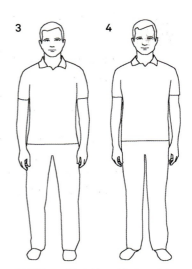

Beispiele von Körperhaltungen, frontal (s. **Abb. 11–1**):
1. symmetrische, im Raum ausgerichtete Haltung
2. asymmetrische Haltung, linker Fuß schräg nach vorne gestellt, linke Schuler hochgezogen
3. Knie gebeugt, Schultern nach vorne gerollt
4. Füße in V-Stellung, Schultern hochgezogen.

Erkennen Sie sich in einer dieser vier Arten zu stehen wieder?

Abbildung 11–1: Verschiedene Arten zu Stehen, Frontalansicht

11.2
Symmetrisch und aufrecht

 Sich wie in Bild 1 (s. **Abb. 11–2**) vor den Spiegel stellen. Auf die symmetrische Fußstellung achten, die Schultern auf den Rippen ruhen lassen.

In dieser Körperhaltung bleiben und die Ausrichtung des Körpers mit folgenden Anweisungen verstärken.

 Ich lasse meine Wirbelsäule durch den Scheitel und durch das Steißbein in die Länge wachsen.

Ich lasse meine Schlüsselbeine nach links und rechts in die Weite wachsen.

Ich lasse mein Becken nach links und rechts in die Weite wachsen.

Ich lasse meine Beine von den Hüftgelenken durch die Knie- und Fußgelenke in den Boden wachsen.

Ich lasse meine Zehen in die Länge wachsen.

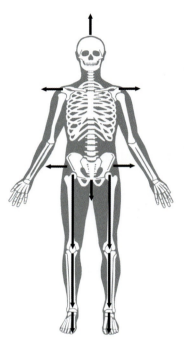

Abbildung 11–2: Anweisungen zur Ausrichtung des Körpers im Stehen, frontal

 Wie fühlt sich diese Art zu stehen an: vertraut oder fremd?

Vielleicht belasten Sie Ihre Füße normalerweise nicht gleich, stellen einen Fuß immer etwas nach vorne, ziehen eine oder beide Schultern immer etwas hoch oder neigen den Kopf zur Seite?

Wenn Sie diese Art zu stehen jetzt irritiert, so halten Sie diesen Zustand trotzdem eine Weile aus. Sie gewöhnen sich daran und das Gehirn speichert das neue Bewegungsprogramm ab.

11.3
Seitlich vor dem Spiegel stehen

 Stellen Sie sich nun seitlich vor den Spiegel. Benutzen Sie einen Handspiegel, damit Sie sich von der Seite betrachten können, ohne den Kopf zu drehen.

Beispiele von Körperhaltungen, seitlich (s. **Abb. 11–3**):

1. Stehen in der Lotlinie: Fuß-, Knie-, Hüft-, Schulter-, und Atlas-Schädelgelenk liegen auf einer senkrecht zum Boden verlaufenden Linie, der Lotlinie.
2. Sich beim Stehen nach oben stoßen: Die Knie sind durchgedrückt und leicht hinter der Lotlinie. Die Füße sind in V-Stellung. Das Becken ist nach vorne gekippt und liegt vor der Lotlinie. Die Brust- und Halswirbelsäule sind in die Länge gestreckt. Diese Art zu stehen ist mit einer hohen Körperspannung verbunden.
3. Die „Bogenhaltung": Das Becken ist weit nach vorne geschoben. Der ganze Körper bildet einen Bogen. Um das nach vorne geschobene Becken zu kompensieren, ist die Brustwirbelsäule stark gebeugt, die Halswirbelsäule nach vorne geneigt. Der Körperschwerpunkt liegt vor der Lotlinie, was die Fußballen und Zehen stark belastet.
4. Mit gebeugten Knien und gekrümmter Brustwirbelsäule stehen: Die Kniegelenke sind leicht gebeugt. Die Streckmuskulatur um die Fuß-, Knie- und Hüftgelenke ist angespannt, um ein weiteres Beugen und damit einen Fall zu Boden zu verhindern. Die Brustwirbelsäule ist stark gekrümmt. Der Körperschwerpunkt ist nach vorne verschoben. Dies führt zu einer höheren Belastung der Vorderfüße.

Entspricht eines dieser vier Bilder Ihrer Art zu stehen?

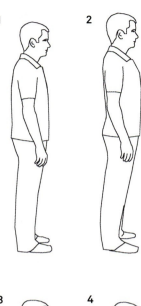

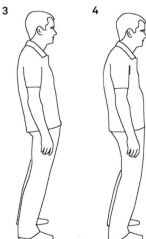

Abbildung 11–3: Verscheiden Arten zu Stehen in der Seitenansicht

11.4
In der Lotlinie stehen

Stellen Sie sich seitlich vor den Spiegel. Die Füße mit 10 cm Abstand parallel nebeneinander, die Knie-, Hüft-, Schulter- und das Atlas-Schädelgelenk in der Lotlinie über den Fußgelenken.

Wie fühlt sich diese Art zu stehen an?

Möglicherweise fühlt sie sich fremd, aber doch leicht an.

Es kann sein, dass es sich weniger stabil anfühlt als Ihre gewohnte Art zu stehen. Das könnte ein Hinweis darauf sein, dass Sie sonst mit höherer Muskelspannung stehen. Eine Spannung, die aber für die Aufrichtung unseres Körpers nicht notwendig ist und den Organismus an einem optimalen Funktionieren hindert.

Unterstützen Sie die Ausrichtung des Körpers mit folgenden Anweisungen:

Ich lasse meinen Körper durch den Scheitel nach oben und durch die Füße nach unten in die Länge wachsen. Oder: Ich lasse meinen Schädel nach oben steigen und meine Fersen in den Boden sinken (s. **Abb. 11–4**).

Abbildung 11–4: Anweisungen zur Ausrichtung des Körpers im Stehen, seitlich

Nutzen Sie Gelegenheiten, um mit dem Stehen zu experimentieren: Beim Warten an der Bushaltestelle, bei der Arbeit usw.

Sich immer wieder von der Seite betrachten, im Spiegel oder im Vorbeigehen in einem Schaufenster. Entwickeln Sie auch in der Seitenansicht ein Bewusstsein für Ihren Körper.

11.5
Unser Körper – eine bewegliche Konstruktion

Der Körperbau verbindet die Beweglichkeit mit der Stabilität. Von den Füßen bis zum Schädel befinden sich zahlreiche Gelenke mit unterschiedlichen Bewegungsmöglichkeiten. Und trotzdem ist unser Körper in seinem Bau auch sehr stabil. In einem dauernden Bewegungsspiel von Skelett und Muskulatur wird das Gleichgewicht ständig neu erzeugt. Die Muskulatur wechselt dabei fließend von Anspannung zu Entspannung.

Stehen oder Sitzen sind keine bewegungslosen, starren Zustände, sondern ein Spiel kleiner Bewegungen mit dem Ziel, das Gleichgewicht stets neu zu finden.

Liegen die Fuß-, Knie-, Hüft- und das Atlas-Schädelgelenk in der Lotlinie, so wird das Körpergewicht in idealer Weise durch das Skelett in den Boden abgeleitet. Die Muskulatur muss nur minimal arbeiten, um die Knochen richtig zu positionieren. Die Knochen tragen den Körper (s. **Abb. 11–5**). Es entsteht ein Auftriebseffekt, der von uns als Leichtigkeit empfunden wird.

Nach diesem Überblick wollen wir die einzelnen Bereiche des stehenden Körpers genauer anschauen.

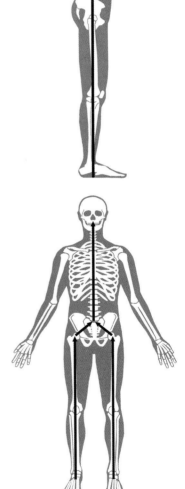

Abbildung 11–5: Die Knochen des Skeletts üben die Gegenkraft zur Schwerkraft aus.

12
Füße

 Stehen Sie in gewohnter Weise hin und stellen Sie sich folgende Fragen:

- Steht ein Fuß weiter vorne als der andere?

- Wie weit sind die Füße voneinander entfernt?

- Stehen sie parallel zueinander oder in einer V-Form?

- Sind die Zehen belastet oder unbelastet?

- Welcher Teil der Füße trägt den Hauptteil des Körpergewichts, die Zehen, die Fußballen (innere oder äußere Fußballen), die Außenkanten oder die Fersen?

 Machen Sie folgendes Experiment: Füße parallel nebeneinander stellen, sodass die Bewegungsebenen einen Abstand von ca. 20 cm haben. Die großen Zehen haben dann einen Abstand von ungefähr 10 cm (s. **Abb. 12–1**).

Die Bewegungsebenen gehen durch die Mitte der Ferse und durch die zweite Zehe. In ihnen rollt der Fuß beim Gehen ab.

Wie fühlt sich diese Fußstellung an?

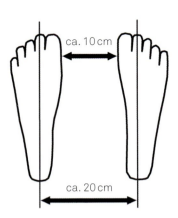

Abbildung 12–1: Die parallele Fußstellung

Diese Fußstellung mag vielleicht irritieren. Sie haben vielleicht den Eindruck, Ihre Füße würden nach innen schauen. Viele Menschen empfinden die V-Stellung ihrer Füße subjektiv als parallel. Wenn sie dann ihre Fußstellung überprüfen, sind sie erstaunt, dass dies gar nicht stimmt. An diesem Beispiel lässt sich gut erkennen, dass die subjektive Körperwahrnehmung nicht mit dem von außen beobachteten Körper identisch ist.

Der Abstand von 20 cm zwischen den Bewegungsebenen der Füße ergibt sich aus dem Abstand zwischen den beiden Hüftgelenken. Befinden sich die Fußgelenke in der Lotlinie unterhalb der Hüftgelenke, so geht die Kraftlinie direkt durch die Hüft-, Knie- und Fußgelenke (s. **Abb. 12-1**). Die seitlich wirkenden Kräfte sind minimal, da die Fuß- und Beinknochen das Körpergewicht optimal in den Boden leiten.

Die parallele Fußstellung ist optimal bei einem Fußgelenkabstand, der dem Abstand der Hüftgelenke entspricht. Stehen die Füße weiter auseinander, so drehen sie natürlicherweise in die V-Stellung.

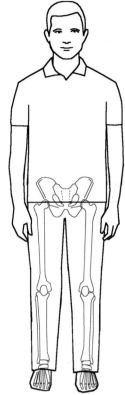

Abbildung 12–2: Die leichte Art zu stehen

12.1
Die Ausrichtung der Füße

Die parallele Fußstellung richtet die Längsgewölbe zwischen Fersen und inneren Fußballen auf. Probieren Sie es aus!

Stehen Sie zuerst parallel mit 10 cm Fußabstand. Die Fersen am Ort belassen. Die Füße in eine 90-Grad-V-Stellung drehen (s. **Abb. 12–3a** und **b**). Beobachten Sie die Auswirkung auf das Längsgewölbe der Füße.

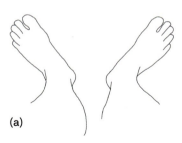

(a)

In der V-Stellung verschiebt sich die Kraftlinie von der Fußmitte zur Fußinnenseite. Dadurch kippt das Fußgelenk nach innen und das Längsgewölbe wird zusammengedrückt.

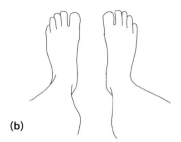

(b)

Kennen Sie die Abdrücke, welche Ihre nassen Füße auf dem Boden hinterlassen? Bei einem natürlich aufgerichteten Fuß erkennt man einen Bogen von der Ferse über die Fußaußenkante bis zu den Fußballen. Das Längsgewölbe hinterlässt keinen Abdruck.

Abbildung 12–3a und b: Fußstellung parallel (a) und im V (b)

Fügt man die Abdrücke der beiden Füße zusammen, entsteht eine Art Ring (s. **Abb. 12-4**). Über diesem Ring bilden die Füße eine hohle Halbkugel – das geometrische Konstruktionsprinzip unserer Füße.

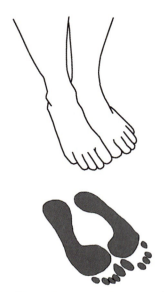

Abbildung 12–4: Beide Füße bilden zusammen eine Hohlkugel

12.2
Die Gewichtsverteilung in den Füßen

Die Fußgelenke übernehmen das Körpergewicht von den Bei-
nen, verteilen es auf die Füße, die es in den Boden übertragen.
Dabei wird das Körpergewicht vor allem von drei Punkten getragen: dem Fersenbein, dem inneren und dem äußeren Fußballen.
Die Zehen sollten beim Stehen praktisch unbelastet bleiben (s.
Abb. 12-5). Die Hebellängen vom gewichtsverteilenden Fußgelenk zum Fersenbein und zu den Fußballen haben etwa ein
Verhältnis von eins zu zwei, d.h. die Fersenbeine übernehmen
zwei Drittel, die Fußballen ein Drittel des Körpergewichts (s.
Abb. 12-6). Angesichts der Knochenstärke ist diese Lastver-
teilung sinnvoll, sind die Fersenbeine doch wesentlich kräftiger
gebaut als die feinen Mittelfußknochen.

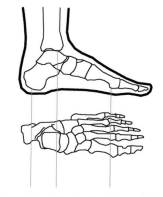

Abbildung 12–5: Die Hebelverhält-
nisse am Fußskelett von der Seite
und von oben

Ich lasse mein Körpergewicht zu zwei Drittel durch
die Fersen und zu einem Drittel durch die Fußballen
in den Boden gehen.

Diese 2:1-Verteilung gilt aber nur, wenn der Körperschwerpunkt
in der Lotlinie über dem Fußgelenk liegt. Je weiter vorne er ist –
weil das Becken nach vorne geschoben ist oder die Knie gebeugt
sind, desto mehr werden die Fußballen und die Zehen belastet
(s. **Abb. 12-7**). Die Zehen verspannen sich, verlieren ihre Ausrichtung und beginnen zu krallen. Darum eignen sie sich gut als
Indikatoren für die Aufrichtung des Körpers. Steht er in der Lotlinie, sind die Zehen lang und entspannt.

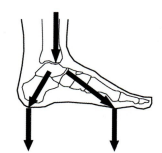

Abbildung 12–6: Die Gewichtsverteilung am Fuß

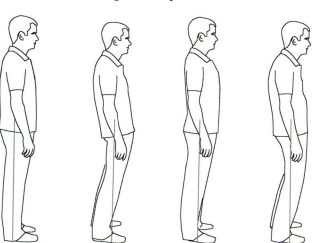

Abbildung 12–7: Der Körperschwerpunkt liegt der Haltung entsprechend über oder vor dem Fußgelenk.

12.3
Die Fußstellung und die Aufrichtung des Beckens

 In welchen Gelenken erfolgt die Drehung der Füße von der Parallel- zur V-Stellung, in den Fuß-, Knie- oder Hüftgelenken?

Die Fuß- und Kniegelenke können diese Drehung nicht ausführen. Sie sind nicht dafür gebaut. Die Drehung der Füße geschieht in den Hüftgelenken; das ganze Bein dreht sich mit dem Fuß mit. Probieren Sie es aus!

 Wechseln Sie noch einmal die Fußstellung von parallel zu V und zurück. Beobachten Sie dabei Ihr Becken.

Nehmen Sie ein Kippen des Beckens wahr?

Ein Wechsel von paralleler zu V-Fußstellung (s. **Abb. 12–8a** und **b**) bewirkt ein Kippen des Beckens nach vorne und damit eine Verstärkung der Lendenlordose (hohles Kreuz). Die Aufrichtung des Beckens und damit der Wirbelsäule ist also von der Fußstellung abhängig.

Zum Thema Aufrichtung des Beckens finden Sie mehr in Kapitel 14 „Becken und Hüftgelenke" (S. 119 f.).

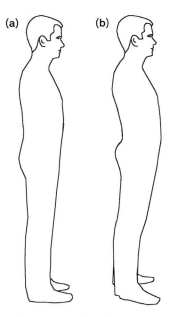

(a)   (b)

Abbildung 12–8a und b: Bei einer V-Stellung der Füße kippt das Becken nach vorne (a). Bei der parallelen Fußstellung ist das Becken aufgerichtet (b).

13
Knie

13.1
Beweglich statt fest

 Stellen Sie die Füße parallel mit einem Abstand von zirka 10 cm. Richten Sie Ihre Aufmerksamkeit nun auf die Kniegelenke. Sind sie in der Lotlinie aufgerichtet, gebeugt oder nach hinten gedrückt (s. **Abb. 13–1**)?

Prüfen Sie mit der Hand die Spannung der vorderen Oberschenkelmuskulatur. Ist sie weich oder angespannt? Wird die Kniescheibe nach oben gezogen oder liegt sie locker über dem Kniegelenk, sodass sie sich mit der Hand leicht verschieben lässt?

1. In der natürlichen Bewegungsorganisation bilden die Oberschenkelknochen und Schienbeine eine gerade Linie. Die Oberschenkelmuskulatur ist relativ entspannt. Das Körpergewicht wird effizient von den Knochen in den Boden geleitet.

2. Sind die Knie gebeugt, müssen sich die Kniestrecker (vordere Oberschenkelmuskeln) anspannen, um eine weitere Beugung zu verhindern. Täten sie dies nicht, würden wir zu Boden fallen. Die gebeugte Kniestellung ist im Kampfsport als Bereitschaftsstellung sinnvoll, im Alltag ist sie aber unnötig.

3. Sind die Knie nach hinten durchgedrückt, verspannen sich Beuger (hintere Oberschenkelmuskeln) und Strecker, das Bein wird steif.

(a)

(b)

(c)

Abbildung 13–1: Das Kniegelenk von der Seite betrachtet: in der Lotlinie (a) aufgerichtet, gebeugt (b) und nach hinten durchgedrückt (c)

Bringen Sie die Unter- und Oberschenkelknochen in der Lotlinie übereinander.

Wenn Sie es gewohnt sind, die Knie gebeugt oder durchgedrückt zu halten, kann das ein unsicheres Gefühl auslösen. Die Beine sind nicht mehr die gewohnten festen Säulen, sondern bleiben in den Gelenken immer leicht in Bewegung. Dies kann als Verlust von Sicherheit und Kontrolle empfunden werden. Geben Sie sich deshalb etwas Zeit, um sich an diese Kniestellung zu gewöhnen.

Ich lasse meine Beine in der Lotlinie vom Hüftgelenk, durch die Knie- und Fußgelenke in den Boden wachsen (s. **Abb. 13–2**).

Abbildung 13–2: Unter- und Oberschenkelknochen stehen in der Lotlinie übereinander

14
Becken und Hüftgelenke

14.1
Lage der Hüftgelenke

Stellen Sie sich vor, man würde von Ihrem Becken ein frontales Röntgenbild machen. Wo vermuten Sie auf diesem Bild die Kugeln der Hüftgelenke? Versuchen Sie mit den Zeigefingern von vorne die Position Ihrer Hüftgelenke im Becken zu finden. Erleichtern Sie sich die Suche: Stehen Sie auf ein Bein und bewegen Sie das andere im Hüftgelenk. Vergleichen Sie Ihr Resultat mit den Grafiken (s. **Abb. 14–1** und **Abb. 14–2**).

Die Hüftgelenke liegen im Inneren des Beckens und nicht etwa seitlich oder unterhalb. Von vorne findet man sie in den Leisten, ungefähr 20 cm voneinander entfernt.

Ertasten können wir die Hüftgelenke leider nicht. Darum ist es auch so schwierig, uns ein Bild von ihrer Lage zu machen. Lediglich der oberste Teil des Oberschenkelschaftes, der Trochanter, ist von außen zu ertasten. Der Schenkelhals führt nach innen zum Oberschenkelkopf. Die beiden Oberschenkelköpfe tragen das Becken und bilden zusammen mit den Hüftpfannen die Hüftgelenke.

Abbildung 14–1: Lage der Hüftgelenke

Hüftgelenk
Gelenkpfanne
Oberschenkelkopf
Schenkelhals
Trochanter
Oberschenkelschaft

Abbildung 14–2: Beckenknochen mit Lendenwirbel und Oberschenkelknochen

14.2
Ausrichtung des Beckens

Mit diesen Anweisungen können Sie das Becken in seiner natürlichen Ausrichtung unterstützen.

Ich lasse meine Wirbelsäule nach oben und unten in
die Länge wachsen.

Ich lasse mein Becken nach links und rechts in die
Weite wachsen.

Ich lasse meine Beine von den Hüftgelenken durch
die Knie- und Fußgelenke in den Boden wachsen (s.
Abb. 14–3).

Abbildung 14–3: Anweisungen zur
Ausrichtung des Beckens

Das Becken ist die Basis der Wirbelsäule. Die Position des
Beckens entscheidet über die Form der Wirbelsäule (s. **Abb.
14–4**). Ist das Becken in den Hüftgelenken nach vorne gekippt,
entsteht ein hohles Kreuz. Ist es nach hinten gekippt, entsteht
ein Flachrücken. Die ausbalancierte Position des Beckens liegt
in der Mitte.

Das ausbalancierte Becken, das weder nach vorne noch nach
hinten kippt, bildet das Fundament für die natürlich aufgerichtete Wirbelsäule. Die Balance hängt von der Drehung der Beine
und somit von der Stellung der Füße ab (s. Kapitel 12 „Füße",
S. 111 ff.).

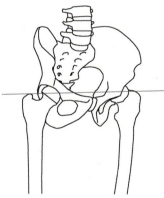

Abbildung 14–4: Schematische Darstellung von Oberschenkelknochen,
Becken und Wirbelsäule. Eingezeich-
net sind die Lotlinie durch den Körper
und die Drehachse des Beckens.

Mit den folgenden Anweisungen kann Ihr Becken die Balance in der Lotlinie finden.

Ich stelle mir vor, ich sei eine Marionette. An meinem Scheitel bin ich an einem Faden aufgehängt.

Meine Wirbelsäule hängt an der Unterseite des Schädels.

Meine Beine hängen an den Hüftgelenken (s. **Abb. 14–5**).

Abbildung 14–5: Die Marionette ist am Scheitelfaden aufgehängt. Die Wirbelsäule und das Becken hängen an der Unterseite des Schädels.

15
Wirbelsäule

Die Wirbelsäule erfüllt verschiedene Funktionen. Sie ist die tragende Knochenkonstruktion in unserem Mittelteil, sie schützt das Rückenmark und bildet Ansatzflächen für die Rückenmuskulatur.

Die Wirbelsäule bildet zusammen mit der sie umgebenden Muskulatur eine kräftige und bewegliche Struktur vom Steißbein bis zum Scheitel.

Was am Rücken durch die Haut spürbar ist, sind die Fortsätze der Wirbel, welche der Muskulatur als Ansatzflächen dienen. Was uns jedoch trägt, sind die Wirbelkörper im Inneren unseres Mittelteils (s. **Abb. 15–1** und **Abb. 15–2**).

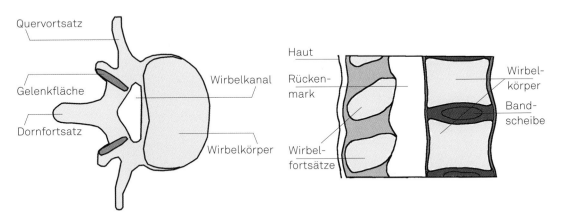

Abbildung 15–1: Lendenwirbel Ansicht von oben

Abbildung 15–2: Zwei Lendenwirbel im Längsschnitt

15.1
Die geschwungene Wirbelsäule

Die tragende Säule der Wirbelkörper schwingt sich um die Körpermitte und richtet den Mittelteil vom Becken bis zum Schädel auf (s. **Abb. 15–3**).

   Die geschwungene Form verleiht der Wirbelsäule Dämpfungseigenschaften, vergleichbar mit einer Stahlfeder. Sie dämpft die Schläge, die vom Boden durch Füße und Beine auf den Körper wirken. So wird das schlagempfindliche Gehirn am oberen Ende der Wirbelsäule geschützt. Es leuchtet daher ein, dass es nicht Ziel sein kann, die Wirbelsäule zu strecken, da sie dadurch diese Dämpfungseigenschaften verlieren würde.

Abbildung 15–3: Der tragende Teil der Wirbelsäule, die aufgeschichteten Wirbelkörper, schwingt sich um die Körpermitte.

15.2
Schwachstelle unterer Rücken

Eine Schwachstelle in der Bewegungsorganisation vieler Menschen ist der untere Rücken. Dieser Bereich ist oft verspannt oder er schmerzt.

Was steckt hinter diesen Rückenschmerzen?

Aus Sicht der Bewegungsorganisation liegt die Ursache der Rückenschmerzen sehr häufig in einer Fehlstellung des Beckens.

Das Becken ist die Basis der Wirbelsäule. Im Stehen wird es in den Hüftgelenken von den Oberschenkeln getragen, im Sitzen liegt es mehr oder weniger auf den beiden Sitzbeinhöckern, den untersten Bereichen der Hüftbeine, der großen Beckenknochen. Bei einem gut aufgerichteten Becken ist die Rückenmuskulatur relativ entspannt. Kippt das Becken nach vorne (z. B. Bogenhaltung oder gestreckte Haltung), verspannt sich die Streckmuskulatur im unteren Rücken (s. **Abb. 15–4a** und **b**).

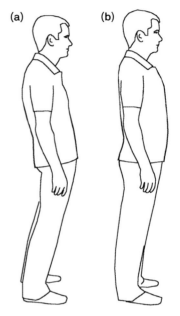

Abbildung 15–4a und b: Bogenhaltung (a) oder gestreckte Haltung (b) führen zu verspannter Rückenmuskulatur.

Die andere häufige Ursache von Rückenschmerzen ist das nach hinten gekippte Becken beim Sitzen. Diese Sitzposition ist beim Autofahren, beim Arbeiten am PC, beim Sitzen auf dem Sofa usw. oft zu beobachten. Für viele Menschen ist sie der Inbegriff einer entspannten Sitzhaltung.

Das nach hinten gekippte Becken begünstigt Bandscheibenschäden. Durch die ungleiche Belastung der Bandscheiben wird der Bandscheibenkern aus seiner Position gepresst, die Faserstruktur reißt, und Teile der Bandscheiben beginnen, auf die Nerven zu drücken. Schmerzen im Rücken bis hin zu Gefühlsstörungen in den Beinen sind die Folge (s. **Abb. 15–5a** und **b**).

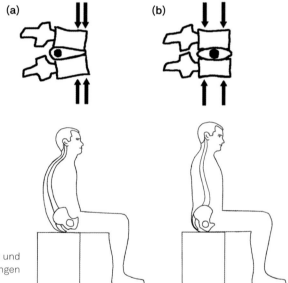

Abbildung 15–5a und b: Die zusammengefallene (a) und die aufgerichtete (b) Sitzhaltung und ihre Auswirkungen auf die Bandscheiben

15.3
Brustwirbelsäule

Eine andere Schwachstelle unseres Rückens liegt im oberen Bereich. Er beginnt zwischen den Schulterblättern und geht hoch bis zum Nacken. Die Ursache für Beschwerden in diesem Bereich liegt in einer zu starken Krümmung oder Überstreckung der Brustwirbelsäule.

Stehen Sie seitlich vor einen großen Spiegel. Halten Sie einen Handspiegel so vor Ihr Gesicht, dass Sie darin Ihr Spiegelbild im großen Spiegel sehen. Betrachten Sie die Form des Körpermittelteils. Welcher der untenstehenden Abbildungen (s. **Abb. 15–6a-c**) gleicht er am ehesten?

(a)

(b)

(c)

Abbildung 15–6a-c: Die natürlich aufgerichtete (a), die gekrümmte (b) und die überstreckte Brustwirbelsäule (c)

Stark gekrümmte Brustwirbelsäule

Bei einer stark gekrümmten Brustwirbelsäule (s. **Abb. 15–6b**) führen Sie folgende Selbstexperimente durch:

 Betrachten Sie Ihre Körperhaltung im Stehen: Ist Ihr Becken nach vorne geschoben? Dann bringen Sie es in die Lotlinie (s. Kapitel 11 „Stehen – die Ausgangsposition", S. 105 ff.).

Bei gebeugten Knien die Beinknochen in die Lotlinie bringen (s. Kapitel 13 „Knie", S. 117).

Ertasten Sie Ihr Brustbein. (Das ist die Knochenplatte vorne in der Mitte der Brust. Sie ist knorpelig mit den Rippen verbunden.) Bewegen Sie das Brustbein sanft nach vorn und wieder zurück, indem Sie die Brustwirbelsäule strecken und wieder rund machen. Die Schultern sind bei dieser Bewegung passiv. Ziehen Sie die Schultern also weder nach vorne noch nach hinten.

Mit diesem Experiment erfahren Sie, wie sich die Brustwirbelsäule bewegt. Und Sie können ausprobieren, wie sich eine etwas mehr aufgerichtete Brustwirbelsäule anfühlt.

Diese Anweisung hilft Ihnen, die Brustwirbelsäule aufzurichten.

 An meinem Brustbein befindet sich eine Sonne. Ich lasse diese Sonne in die Welt hinaus scheinen (s. **Abb. 15–7**).

Pflegen Sie die Ausrichtung der Brustwirbelsäule auch in der *regenerativen Rückenlage* (s. Kapitel 10 „Liegen – Ein Geschenk", S. 99 ff.).

Abbildung 15–7: Die Sonne scheint vom Brustbein aus.

Überstreckte Brustwirbelsäule

Bei einer überstreckten Brustwirbelsäule (s. **Abb. 15–6c**) eignen sich diese Selbstexperimente:

Stossen Sie Ihren nach oben Schädel nach oben und überstrecken Ihre Halswirbelsäule? – Den Schädel wie ein Ball auf der Wasseroberfläche auf dem obersten Halswirbel liegen lassen (s. Kapitel 16 „Hals-Schädel", S. 131 ff.).

Strecken Sie Ihr Brustbein nach vorne und oben? – Das Brustbein leicht sinken und im Rhythmus des Atmens bewegen lassen (s. Kapitel 22 „Atmung – die innere Bewegung", S. 173 ff.).

Sind die Knie nach hinten durchgedrückt? – Die Knie in die Lotlinie bringen (s. Kapitel 13 „Knie", S. 117).

Sind die Füße in einer V-Stellung? – Die Füße parallel in einem Abstand von 10 cm (s. Kapitel 12 „Füße", S. 111) stellen und auf die Veränderung der Beckenposition achten (s. Kapitel 14 „Becken und Hüftgelenke", S. 119 f.).

Wie wirken sich diese Veränderungen auf die Brustwirbelsäule aus?

Fühlt sich die Brust entspannter an?

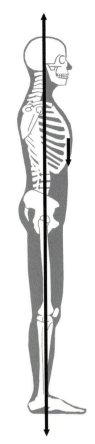

Abbildung 15–8: Anweisungen bei überstreckter Brustwirbelsäule

Unterstützen Sie diese Körperhaltung mit den folgenden Anweisungen:

Ich lasse meinen Schädel leicht auf dem obersten Halswirbel liegen, lasse mich durch den Scheitle nach oben und durch die Fersen nach unten in die Länge wachsen, ohne mich zu strecken.

Ich lasse mein Brustbein leicht nach unten sinken (s. **Abb. 15–8**).

16
Hals-Schädel

16.1
Die obersten Gelenke des Körpers

 Wo befinden sich die Gelenke zwischen dem obersten Halswirbel, dem Atlas und dem Schädel? Oder anders gefragt: Wo liegt die Drehachse, wenn Sie mit dem Kopf nicken?

Und wo ist die Drehebene, wenn Sie ihn um die vertikale Achse drehen? Schauen Sie in einen Spiegel, bewegen Sie Ihren Kopf und versuchen Sie, es herauszufinden.

Der Übergang vom Hals zum Schädel liegt natürlich nicht zwischen Hals und Kinn, wie man vielleicht meinen könnte. Wenn wir den Kopf ohne den Unterkiefer betrachten, kommen wir der Antwort schon viel näher. Von vorne betrachtet, liegen die Gelenkflächen zwischen Atlas und Schädel zwischen Oberlippe und Nase. Von der Seite betrachtet liegen sie unterhalb des Gehörganges.

Halten Sie Ihre gestreckten Zeigefinger unterhalb der Ohren (s. **Abb. 16–1**) und machen Sie eine kleine Nickbewegung. Die Nasenspitze bewegt sich dabei um einen Zentimeter auf und ab. Wenn Sie sich dabei im Spiegel betrachten, so können Sie die Linie zwischen ihren Zeigefingern als Drehachse des Schädels erkennen.

Abbildung 16–1: Die Drehachse beim Kopfnicken: Auflagefläche des Schädels auf dem Atlas

Das Gelenk für die seitliche Drehbewegung liegt etwas tiefer, nämlich zwischen den beiden obersten Halswirbeln, also zwischen Atlas und Axis (s. **Abb. 16–2a** und **b**). Der Axis besitzt einen so genannten Zahn, einen Zapfen, um den sich der Atlas mit dem Schädel drehen kann. Wenn Sie durch Ihren weit geöffneten Mund und durch die Rachenwand schauen könnten, würden Sie diese beiden Wirbel sehen.

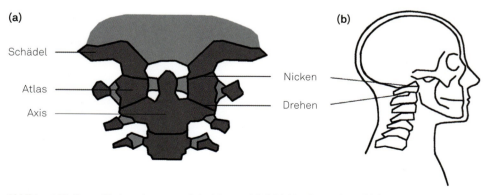

Abbildung 16–2a und b: Anordnung von Axis, Atlas und Schädel im Querschnitt (a) (nach Gorman 1981). Die Halswirbelsäule und der Schädel in der Seitenansicht (b).

16.2
Nackenmuskeln und Körperhaltung

Ist der Körper natürlich aufgerichtet, liegt der Schädel leicht und beweglich auf der Halswirbelsäule. Diese Leichtigkeit und Beweglichkeit kann jedoch gestört werden, denn das Schädel-Hals-Verhältnis reagiert ständig auf Bewegungen und Haltungsveränderungen, indem es Abweichungen von der Lotlinie kompensiert (s. **Abb. 16-3**).

1.

1. Natürlich aufgerichtete Wirbelsäule: Der Schädel liegt leicht auf dem Atlas. Die Nackenmuskulatur ist entspannt. Es entsteht das Gefühl, als ob der Schädel nach oben steigen würde.

2. Die Brustwirbelsäule ist stark gekrümmt, der Schädel nach vorne geschoben. Um zu verhindern, dass der Kopf nach unten fällt, spannen sich die Nacken- und Rückenmuskeln an. „Der Kopf ist schwer."

2.

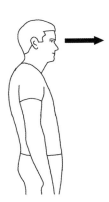

3. Bei einer gestreckten Körperhaltung wird der Schädel nach hinten gezogen, was ebenfalls zu einer Anspannung der Nackenmuskulatur führt. Der Hals wird steif.

3.

Abbildung 16–3: Auswirkungen der Körperhaltung auf die Position des Schädels

16.3
Nackenmuskeln und Mund

Auch Anspannungen am Unterkiefer und in der Zunge stören
die Balance des Schädels auf der Halswirbelsäule und führen zu
einer Anspannung der Nackenmuskulatur (s. **Abb. 16–4**).

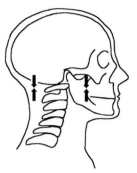

 Legen Sie eine Hand an den Nacken und beißen Sie
die Zähne zusammen. Oder: Drücken Sie mit der
Zungenspitze gegen den Gaumen. Spüren Sie, wie
sich die Nackenmuskulatur anspannt? Lassen Sie
etwas Abstand zwischen den oberen und den unteren Zähnen. Legen Sie die Zunge im Unterkiefer ab,
sodass die Zungenspitze die unteren Zähne von
hinten berührt. Entspannt das Ihre Nackenmuskulatur? (Siehe Kapitel 23 „Mund, Kiefer, Zunge – ein
spannender Bereich", S. 117 ff.)

Abbildung 16–4: Anspannungen in
der Kiefer- und Nackenmuskulatur

16.4
Der Schädel – beweglich wie ein Ball auf dem Wasser

Um die freie Beweglichkeit des Schädels auf der Halswirbelsäule zu fördern, stehen oder sitzen Sie in der natürlich aufrechten Haltung und verwenden die folgende Anweisung:

 Mein Schädel liegt beweglich auf dem obersten Halswirbel wie ein Ball auf einer Wasseroberfläche (s. **Abb. 16–5**).

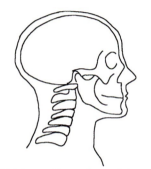

Abbildung 16–5: Beweglich und leicht wie ein Ball auf dem Wasser kann der Schädel auf dem obersten Halswirbel liegen

16.5
Der Schädel – leicht wie ein Luftballon

Um Vorstellung der Leichtigkeit des Schädels zu fördern, stehen oder sitzen Sie in der natürlich aufrechten Haltung und verwenden die folgende Anweisung:

Mein Schädel kann leicht wie ein Luftballon nach oben steigen (s. **Abb. 16–6**).

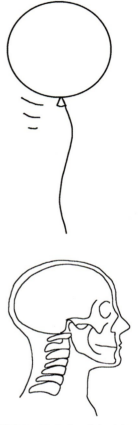

Abbildung 16–6: Der Schädel steigt nach oben

17
Die Affenstellung

Affen strecken beim Stehen die Beine nicht, ihre Knie bleiben gebeugt (s. **Abb. 17**-1). Deshalb nennt man diese Position in der Alexander-Technik Affenstellung. Die Affenstellung ist die gute Alternative zur gekrümmten Brustwirbelsäule, wenn man sich auf einer niedrigen Arbeitshöhe bewegen muss. Sie lässt sich im Alltag vielfältig anwenden, z. B. im Haushalt beim Abwasch oder Staubsaugen (s. **Abb. 17**-2), bei handwerklichen Arbeiten usw.

Wir können sie auch als „Zwischenposition" nutzen, wenn wir uns auf einen Stuhl setzen oder zum Boden bücken.

Abbildung 17–1: Gorillaweibchen mit Jungtier

Abbildung 17–2: Staubsaugen in der Affenstellung mit Ausfallschritt

17.1
Vom Stehen in die Affenstellung und wieder zurück

Wiederholen Sie die nachstehende Anweisung während der folgenden Übung (s. **Abb. 17–3**) immer wieder:

Ich lasse meinen Mittelteil lang und weit.

1. An eine Wand stehen mit ca. 10 cm Fersenabstand.

2. Den unteren Rücken zur Wand hin bewegen und dann mit dem ganzen Rücken anlehnen. Der Kopf berührt die Wand nicht.

3. Die Knie beugen. Der Rücken rutscht nach unten. Mit dem Rücken in gutem Kontakt zur Wand bleiben.

4. Den Mittelteil vom Kopf her leicht nach vorne neigen, bis sich der Rücken von der Wand löst und der Schwerpunkt wieder klar über den Füßen liegt. Jetzt sind Sie in der Affenstellung.

5. Den Mittelteil nach hinten bewegen, bis der Rücken wieder Kontakt zur Wand hat.

6. Die Knie strecken, bis die Beinknochen in einer Linie gerade übereinander stehen und den Rücken von der Wand lösen.

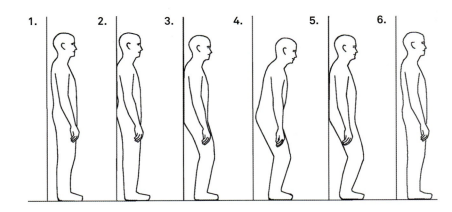

Abbildung 17–3:
Die Affenstellung
üben

17.2
Etwas aufheben

Kleine Kinder heben einen Gegenstand natürlicherweise in der Affenstellung vom Boden auf (s. **Abb. 17–4**). Mit der Zeit verliert sich dieses Bewegungsprogramm und wird durch die „Kranstellung" (s. **Abb. 17–5**) ersetzt. Dabei entsteht aufgrund der Hebelwirkung eine sehr große Belastung für den unteren Rücken.

Abbildung 17–4: Den Rücken beim Heben richtig belasten.   **Abbildung 17–5:** Die „Kranstellung"

Beim folgenden Bewegungsablauf (s. **Abb. 17-6**) bleibt der Mittelteil ausgerichtet, währenddessen sich die Hände zum Boden bewegen. Der Rücken wird keinen unnötigen Belastungen ausgesetzt.

1. Die Füße in breiter V-Stellung positionieren.

2. Den Gegenstand anschauen und die Knie beugen. Die Knie dabei in die Richtung der zweiten Zehe ausrichten.

3. Den Körper zusammenfalten. Die Ausrichtung des Mittelteils in die Länge und Weite beibehalten.

4. Weiter Zusammenfalten bis die Hände den Gegenstand fassen können.

Mit dem gleichen Bewegungsablauf in umgekehrter Reihenfolge zurück ins Stehen.

Abbildung 17–6: Bewegungsablauf vom Stehen zur Hocke

18
Alles ist verbunden

Wie in den Kapiteln zur Körperhaltung im Stehen beschrieben, beeinflussen sich die einzelnen Körperteile wie Füße, Beine, Becken, Wirbelsäule und Schädel gegenseitig in ihrer Ausrichtung.

Die Drehung der Füße und Beine wirkt sich auf das Becken aus, die Stellung des Beckens bestimmt wiederum die Form der Wirbelsäule. Die Brust- und Halswirbelsäule kompensieren das „hohle Kreuz" in der Lendenwirbelsäule. Ist die Brustwirbelsäule zu stark nach vorne gekrümmt, fallen die Schultern nach vorne und unten. Ein gewohnheitsmäßig zum Boden gerichteter Blick zieht den Schädel nach vorne und unten, die Hals- und Brustwirbelsäule folgen ihm – es entsteht eine gebeugte Haltung. Die Beeinflussungen wirken von unten nach oben, aber auch umgekehrt. Aus diesem Grund können wir die einzelnen Körperbereiche nicht isoliert betrachten. Wir müssen immer das Ganze im Auge behalten.

Lenken Sie Ihre Aufmerksamkeit vom Ganzen auf Teilbereiche und von den Teilbereichen aufs Ganze. Und mit zunehmend verfeinerter Körperwahrnehmung werden Sie feststellen, wie Ihr Körper als ein zusammenhängendes System auf Veränderungen reagiert.

19
Gehen oder die Kunst der Fortbewegung

Gehen ist eine gewohnte, alltägliche Aktivität. Das Programm, welches das Gehen steuert, ist jedoch für jeden Menschen speziell, sodass wir einen vertrauten Menschen allein schon an seinem Gang erkennen können. Wir selbst sind uns aber kaum bewusst, wie wir gehen.

Mit den folgenden Fragen können Sie Ihre Art zu gehen erforschen:
- Wohin ist der Blick beim Gehen gerichtet: auf Augenhöhe oder nach unten zum Boden?
- Ist der Kopf beim Gehen nach vorne geschoben oder bleibt er in der Körperachse?
- Ist der Körper beim Gehen nach oben gestreckt, sinkt er nach unten oder bleibt er in seiner natürlichen Länge?
- Welcher Körperteil führt die Vorwärtsbewegung an: die Füße, die Knie, das Becken, die Brust oder der Kopf?
- In welche Richtung schauen die Zehen in Bezug zur Fortbewegungsrichtung: nach außen oder nach vorne?
- Wie nehmen die Augen beim Gehen die Welt wahr? Bewegen sie sich zur Welt hin oder kommt die Welt auf sie zu?

Konnten Sie die Fragen beantworten? Wenn ja, dann wissen Sie schon viel über Ihre Art zu gehen. Wer eher Mühe hatte, erhält die Antworten bei den folgenden Selbstexperimenten. Und Sie erfahren, wie Sie leicht und effizient gehen können.

19.1
Die Bewegungsebenen der Beine

Gehen Sie auf der Stelle. Schauen Sie dabei von oben auf die Bewegung der Füße und Beine. In welche Richtung zeigen Knie und Zehen: in die Fortbewegungsrichtung oder in einer V-Stellung nach außen? (s. **Abb. 19–1a** und **b**)

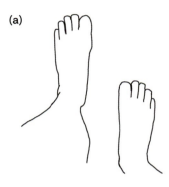
(a)

Beim Gehen zeigen die Bewegungsebenen sinnvollerweise in die Fortbewegungsrichtung (s. **Abb. 19-2**), d. h. Hüft-, Knie- und Fußgelenk sowie die zweiten Zehen beider Füße bewegen sich in zwei parallel verlaufenden Ebenen. Das Abrollen der parallel stehenden Füße erfolgt in der Fortbewegungsrichtung. Rollen die Füße in V-Stellung ab, verlagert sich der Körperschwerpunkt bei jedem Schritt zur Seite. Statt in einer geraden Linie, bewegt er sich in einer Zickzacklinie fort. Die Folge ist ein Wackelgang.

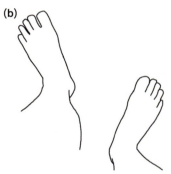
(b)

Gehen Sie auf der Stelle und achten Sie dabei auf die parallele Fußstellung. Versuchen Sie es danach auch in der Fortbewegung.

Abbildung 19–1a und b: Fußstellung beim Gehen: parallel (a) und in V-Stellung (b)

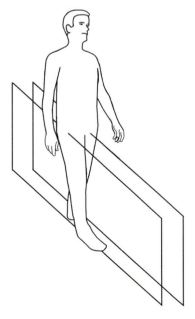

Abbildung 19–2: Hüftgelenke, Knie und Füße bleiben beim Gehen in zwei Ebenen parallel zur Fortbewegungsrichtung

19.2
Gehen wie eine Marionette

Das Gehen wie eine Marionette unterscheidet sich klar vom normalen Gehen und kann uns dadurch wertvolle Informationen über unser gewohntes Bewegungsprogramm liefern.

 Die Füße parallel und dicht nebeneinander stellen. Mit den Augen horizontal nach vorne schauen (s. **Abb. 19–3a**).

Stellen Sie sich vor, Sie seien eine Marionette.

Am Scheitel des Kopfes ist ein Faden befestigt, an dem der Körper „aufgehängt" ist. Sie müssen sich also nicht gegen den Boden stemmen, sondern können sich entspannt am Faden hängen lassen.

Oberhalb der Knie sind zwei weitere Fäden befestigt (s. **Abb. 19–3b**). Diese Fäden ziehen nun abwechslungsweise nach oben, lassen die Knie steigen und wieder sinken. Die Arme schwingen passiv mit dem gegenüberliegenden Bein mit. So entsteht eine Gehbewegung auf der Stelle, wobei der Mittelteil lang und weit bleibt.

Wenn Sie sich eine Zeit lang an diese Bewegung gewöhnt haben, beginnen Sie, in diesem Marionettengang langsam vorwärts zu gehen. Die Ausrichtung des Mittelteils bleibt. Eine Weile so durch den Raum gehen und dann zum gewohnten Gang wechseln. Wie fühlt sich das an? Wurde Ihre Art zu gehen durch diese neue Erfahrung verändert? Welche speziellen Gewohnheiten an Ihrem Gang fallen Ihnen nun auf?

Abbildung 19–3a und **b**: Stehen (a) und gehen (b) wie eine Marionette

19.3
Aus den Hüftgelenken gehen

Stellen Sie sich wieder vor, Sie seien eine Marionette.

Ihre Oberschenkel sind seitlich des Beckens befestigt. Der Schenkelhals verbindet das Hüftgelenk mit dem Schaft des Oberschenkelknochens (s. **Abb. 19−4**).

Beim Gehen drehen die Oberschenkel in den Hüftgelenken nach vorne und zurück (s. **Abb. 19−5**). Die Unterschenkel und die Füße folgen dieser Bewegung. Der Körpermittelteil bleibt ruhig und wird von den Beinen und Füßen durch den Raum getragen. Das Schwingen der Arme gleicht die Bewegung der Beine aus (s. **Abb. 19−6**).

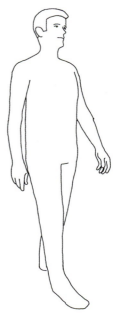

Abbildung 19−6: Der Körpermittelteil, vom Becken bis zum Schädel, bleibt ruhig und wird von den Beinen durch den Raum getragen

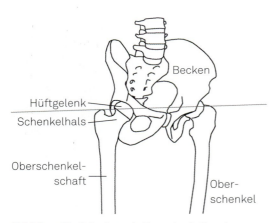

Abbildung 19−4: Becken mit Oberschenkelknochen

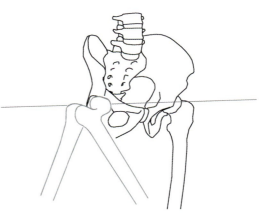

Abbildung 19−5: Die Oberschenkel drehen sich in den Hüftgelenken nach vorne und hinten

19.4
Zentriertes Gehen

Welcher Körperteil führt beim Gehen die Vorwärtsbewegung an? Sind es die Beine oder ist es der Kopf (s. **Abb. 19–7a** und **b**)?

Führt der Kopf, so bringt er den Körper in Vorlage. Beine und Füße müssen verhindern, dass der Körper nach vorne fällt. Die Vorlage erhöht die Muskelspannung im Rücken, den Beinen und Füßen. Da die Füße die Fallbewegung auffangen müssen, erhalten Knochen und Gelenke bei jedem Schritt einen Schlag.

Bei dieser Art zu gehen, sind wir in Gedanken immer schon einen Schritt voraus, bei der nächsten Handlung, aber nicht in der Gegenwart.

(a)

Sehr langsam gehen. Sich Anweisungen für die Ausrichtung des Mittelteils geben. Auf die Position des Kopfes achten – er bleibt in der Körperachse. Beine und Füße bewegen den Mittelteil durch den Raum.

Lösen Sie die Schritte durch eine Vorwärtsbewegung der Knie aus. Achten Sie dabei auf das Drehen der Oberschenkel in den Hüftgelenken.

Bleiben Sie in Gedanken beim Gehen wie der Zen-Meister, der zu seinem Schüler sagte: „Wenn ich gehe, dann gehe ich."

(b)

Abbildung 19–7a und b: Zentriertes Gehen (a) Gehen mit Vorlage (b)

19.5
Rückwärtsgehen

Ein gutes Experiment, um das zentrierte Gehen zu üben, ist das Rückwärtsgehen (s. **Abb. 19–8**).

 So geht's: Gehen Sie rückwärts, ohne nach hinten zu schauen, und gehen Sie nur so schnell, wie Sie sich sicher fühlen, nirgends anzustoßen. Sie können also sehr langsam gehen. Die „Rückenaugen" öffnen, d.h. mit der Körperrückseite den Raum wahrnehmen. Nach einer Weile im „Rückwärtsgang" gehen Sie wieder vorwärts und behalten dabei die Aufmerksamkeit für die Körperrückseite bei.

Fällt es Ihnen jetzt leichter, zentriert zu gehen?

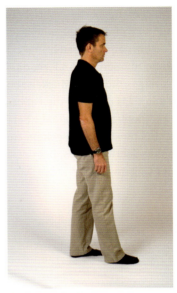

Abbildung 19–8: Rückwärtsgehen

19.6
Beim Gehen die Welt sehen

Machen Sie einen Spaziergang. Schauen Sie horizontal nach vorne (s. **Abb. 19–9**). Stellen Sie sich vor, dass alle Dinge, die Sie sehen, zu Ihnen kommen. Diese Art zu sehen ist für die meisten Menschen ungewohnt. Sie gehen mit den Augen zu den Dingen hin. Dabei schieben sie aber auch den Schädel leicht nach vorne und stören so die Bewegungsorganisation. Lassen wir die Welt zu uns kommen, bleibt der Schädel in der Körperachse (s. Kapitel 25 „Sehen – auch eine Gewohnheitssache, S. 189 ff.).

Abbildung 19–9: Beim Gehen den Blick horizontal nach vorne richten

19.7
Laufen

Der US-Amerikaner Michael Duane Johnson ist einer der erfolgreichsten Leichtathleten aller Zeiten. Er holte in den Jahren 1991 bis 2000 vier Olympiasiege und neun Weltmeistertitel über 200 Meter und 400 Meter. Als Markenzeichen Johnsons galt sein ungewöhnlicher Laufstil. Er bestritt seine Rennen mit gerade aufgerichtetem Mittelteil und kurzen, schnellen Schritten, was ihm den Übernamen „Nähmaschine" eintrug. Seine Schnelligkeit lieferte den Beweis für die Effizienz seines damals unüblichen Laufstils (s. **Abb. 19-10** und **Abb. 19-11**).

Abbildung 19–10: Leichtes Joggen

Subjektiv könnte man den Eindruck bekommen, mit nach vorne geneigtem Körper schneller rennen zu können. Dies ist jedoch nur die gewohnte Vorstellung von schneller Fortbewegung. Sie versetzt den Körper in große Spannung, macht uns aber nicht schnell. Denn Geschwindigkeit entsteht nur durch die schnellen Beine.

Wenn Sie Ihren Körper beim Laufen beschleunigen wollen, strecken Sie nicht Ihren Kopf nach vorne. Das macht Sie nicht schneller. Sie müssen die Geschwindigkeit der Beine steigern. Am einfachsten geschieht das, indem Sie die Arme schneller bewegen, sie seitlich des Körpers kräftig zurückziehen. Die Beine und Füsse beginnen sich dann ebenfalls schneller zu bewegen.

Eine sehr effiziente und gelenkschonende Lauftechnik besteht darin, den Fuß nicht raumgreifend vor, sondern unterhalb des Körperschwerpunktes aufzusetzen. Zuerst kommen die Zehen, dann die Fussballen, die Fussaussenkante und erst zuletzt die Ferse in Bodenkontakt. Der Fuss wird auf diese Wiese „in den Boden gerollt". Die Schritte sind eher kurz, dafür schnell. Diese Technik nennt sich Vorfusslaufen.

Abbildung 19–11: Schnelles Laufen

Die Vorwärtsbewegung des Körpers bringt den Fuss hinter den Schwerpunkt. Die Faszien von Fuss und Unterschenkel werden dabei, ähnlich der Stahlfeder eines Stossdämpfers, gespannt. Wenn das Knie den Schritt wieder nach vorne auslöst, entlädt sich diese Spannung in der Schwungbewegung von Unterschenkel und Fuss nach vorne. Nutzt man diese fasziale Federkraft, werden die Bewegungen der Beine wesentlich leichter.

Bei dieser Lauftechnik kann der Eindruck entstehen, man laufe wie mit Rädern, denn ohne das harte Auftreten mit den Fersen fühlt sich Laufen sehr rund an.

Ich lasse meinen Mittelteil in die Länge und Weite wachsen.

Ich lasse meine Oberschenkel in den Hüftgelenken nach vorne und zurück schwingen.

Ich kann immer wieder horizontal nach vorne schauen und die Landschaft genießen.

20
Sitzen ist gar nicht so einfach

20.1
Sitzen kulturgeschichtlich betrachtet

Im heutigen Leben sitzt man sehr oft und lange auf Stühlen, am Arbeitsplatz, zuhause und unterwegs. Man spricht zu recht von einer sitzenden Gesellschaft. Das Sitzen auf Stühlen ist jedoch kulturgeschichtlich eine neuere Erfindung. Während Jahrtausenden der Menschheitsgeschichte gab es gar keine Stühle. Unsere Vorfahren kannten nur das Kauern oder Hocken auf niedrigen Objekten. Wenn sie müde waren, legten sie sich hin. Als erste Menschen begannen Herrscher und Könige zu sitzen, und zwar auf einem Thron. Ab dem 14. Jahrhundert gab es in den Kirchen die ersten Stühle für die bürgerliche Oberschicht. Erst seit Mitte des 19. Jahrhunderts ist der Stuhl als Sitzmöbel für die breite Masse gebräuchlich (Eikhoff 1997).

20.2
Das Sitzen in unserer Lebensgeschichte

Kommt ein Kind in den Kindergarten und die Schule, muss es lange sitzen. Dies schränkt sein natürliches Bewegungsbedürfnis erheblich ein. Es lernt, seine Aufmerksamkeit weniger auf den äußeren Raum und seinen Körper zu richten, dafür mehr auf sein Inneres, auf das Geistige. Die Kulturgeschichte des Sitzens ist so gesehen auch die Geschichte der körperlichen Disziplinierung. Die natürliche Bewegungsorganisation der Kinder geht dabei meist verloren, denn das häufige Sitzen mit angelehntem Rücken schwächt die Aufrichtung des Körpers.

20.3
Sitzen anatomisch betrachtet

Der Mensch ist nicht fürs Sitzen gebaut. Auf einem Stuhl zu sitzen, auch wenn er ergonomisch optimal ist und wir uns gut ausrichten, entspricht nicht unserem Körperbau und ermüdet unsere Muskulatur schnell.

Wir haben die Anatomie von Bewegungswesen, die nicht lange in einer Position verharren, erst recht nicht sitzend auf den Beckenknochen. Doch Stühle sind in unserer Kultur nicht mehr wegzudenken. Deshalb ist ein intelligenter Umgang mit dem Sitzen auf Stühlen gefragt. Wie kann ein solcher aussehen? Stühle, Tische und Arbeitsgeräte sollen so eingerichtet sein, dass unser Körper in seiner natürlichen Aufrichtung möglichst nicht gestört wird. Phasen des Sitzens sollen abwechseln mit Phasen des Stehens, Sich-Bewegens und wenn möglich auch des Liegens. Durch einen regelmäßigen Wechsel von Positionen und Bewegungsaktivitäten wird der Organismus in seinem Funktionieren unterstützt, und das Wohlbefinden wird gefördert.

20.4
Die richtige Stuhlhöhe

Wählen Sie die Sitzhöhe so, dass die Oberschenkel in der Horizontalen sind (s. **Abb. 20-1a**). Bei einer zu niedrigen Sitzfläche (s. **Abb. 20-1b**) stoßen die Oberschenkel das Becken nach hinten, was das aufrechte Sitzen sehr anstrengend macht und schnell von einer zusammengefallenen Sitzhaltung abgelöst wird. Bei einer zu hohen Sitzfläche (s. **Abb. 20-1c**) drückt die vordere Kante der Sitzfläche in die Oberschenkel. Die Füße haben einen schlechten oder gar keinen Kontakt zum Boden. Abhilfe schaffen können eine nach vorne abfallende Sitzfläche, wie sie bei vielen Arbeitsstühlen heute wählbar ist, oder ein Fußschemel.

Die Wahl der richtigen Stuhlhöhe ist für das bequeme Sitzen von entscheidender Bedeutung. Wenn Sie längere Zeit sitzen müssen, so geben Sie sich nicht mit dem erstbesten Stuhl zufrieden, sondern versuchen Sie, eine optimale Lösung zu finden. Es lohnt sich.

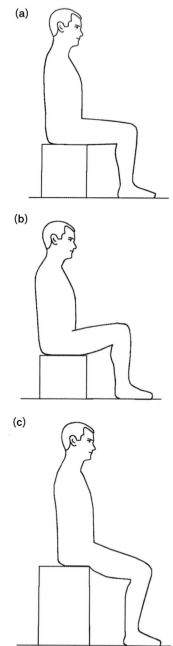

(a)

(b)

(c)

Abbildung 20–1a-c: Sitzen mit richtiger (a), mit zu tiefer (b) und mit zu hoher Stuhlhöhe (c)

20.5
Die natürliche Beckenstellung

 Kippen Sie das Becken nach vorne und nach hinten. Finden Sie jene Stellung, in der Sie auf den Sitzbeinhöckern, also den untersten beiden Knochen des Beckens, sitzen.

Ist das Becken nach hinten gekippt (s. **Abb. 20-2a**), sitzen Sie auf der Gesäßmuskulatur, ist es nach vorne gekippt (s. **Abb. 20-2b**) auf der Oberschenkelmuskulatur. Liegt das Becken aber auf den Sitzbeinhöckern (s. **Abb. 20-2c**), ist es optimal ausgerichtet und bildet eine gute Basis für die Wirbelsäule.

(a)

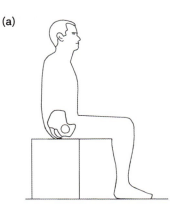

(b)

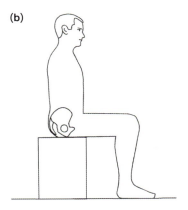

(c)

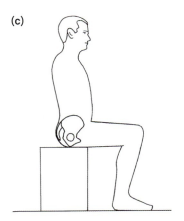

Abbildung 20–2a-c: Das Becken nach hinten gekippt (a) nach vorne gekippt (b) und auf Sitzbeinhöckern liegend (c)

20.6
Die Wirbelsäule richtet sich auf

Die Brust- und Halswirbelsäule aufrichten, damit der Schädel in der Körperachse über dem Becken liegt (s. **Abb. 20–3**). Unterstützen Sie die Aufrichtung der Wirbelsäule mit der folgenden Anweisung:

Ich lasse meine Wirbelsäule nach oben und unten in die Länge wachsen.

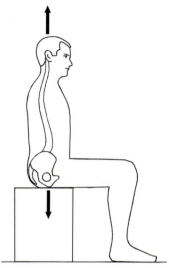

Abbildung 20–3: Sitzen auf den Sitzbeinhöckern mit aufgerichteter Wirbelsäule

20.7
Position der Füße

Setzen Sie sich vorne auf die Sitzfläche, sodass nur das Becken aufliegt und nicht die Oberschenkel. Die Füße stehen flach und etwa schulterbreit voneinander entfernt auf dem Boden (s. **Abb. 20-4a**). Wie fühlt sich diese Sitzposition an? Rücken Sie nun die Füße ganz zusammen, bis sich Füße und Beine berühren (s. **Abb. 20-4b**). Wie fühlt sich diese Sitzposition im Becken und im unteren Rücken an?

Wahrscheinlich ist die erste Position bequemer. Das Becken hat mehr Platz zwischen den Beinen und kann sich daher besser aufrichten. Weil die Beine hier im Gegensatz zur engen Beinstellung das Becken nicht nach hinten stoßen, lässt sich die aufgerichtete Position leichter halten.

Abbildung 20-4a und b: Sitzen mit schulterbreiter Fußstellung (a) und Füßen ganz zusammen (b)

20.8
Sitzen mit Rückenlehne

Grundsätzlich ist das Sitzen ohne Rückenlehne vorzuziehen. Erstens stärkt es die Aufrichtemuskulatur. Und zweitens merken wir, wenn wir lange genug gesessen sind. Der Rücken wird müde. Statt jetzt anzulehnen und trotzdem weiter sitzen zu bleiben, können wir dieses Körpersignal nutzen, um aufzustehen oder ein paar Schritte zu gehen.

Beim Sitzen mit einer Rückenlehne soll diese den unteren Rücken, also den Lendenwirbel-Kreuzbein-Bereich stützen. So werden das Becken und damit auch die Wirbelsäule aufgerichtet. Wird der mittlere Rücken gestützt, so ist die Gefahr groß, bei Ermüdung zusammenzusinken und so die Funktionsfähigkeit der inneren Organe zu beeinträchtigen (s. **Abb. 20–5a** und **b**).

20.9
Dynamisches Sitzen

Die Kombination von Sitzen und Bewegen heißt heute dynamisches Sitzen (s. **Abb. 20-6**). Ein moderner Arbeitsstuhl lässt sich so einstellen, dass die Sitzfläche nach vorne und hinten neigbar ist. Dies fördert die Bewegung des Beckens. Weiter ist die Rückenlehne so konstruiert, dass sie beim Zurücklehnen nachgibt. Sie stützt den unteren Rücken leicht, aber nicht so fest, dass eine fixe Sitzposition mit Anlehnen möglich ist, außer man lässt sich ganz nach hinten in die Entspannungsposition fallen.

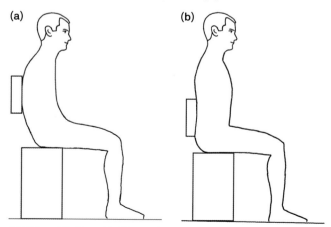

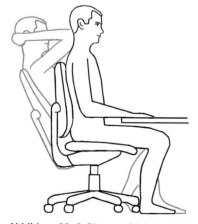

Abbildung 20–5a und b: Sitzen mit gestützter Brustwirbelsäule (a) und Lendenwirbelsäule (b)

Abbildung 20–6: Sitzen auf Arbeitsstuhl mit dynamischer Einstellung

20.10
Aufstehen vom Stuhl

Es gibt viele verschiedene Arten, von einem Stuhl aufzustehen. In den folgenden Experimenten geht es nicht darum, die einzig richtige Art zu lernen. Vielmehr sollen sie Erfahrungen vermitteln, wie sich ein natürlich organisierter Körper beim Aufstehen vom Stuhl anfühlt.

Die häufigste Störung bei dieser Bewegung besteht darin, dass wir den Kopf nach hinten ziehen und so den Hals verkürzen (s. **Abb. 20-7a** und **b**).

Das Pinselexperiment (s. **Abb. 20-8**) hilft, den Mittelteil ohne diese Störung nach vorne zu neigen.

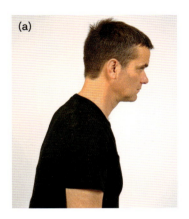
(a)

 Sich in der Verlängerung der Wirbelsäule nach oben einen riesigen Pinsel vorstellen. Die Wirbelsäule vom Becken bis zum Schädel nach vorne neigen und mit dem Pinsel einen Strich an die Decke malen.

Führen Sie die Pinsel-Bewegung langsam aus und wiederholen Sie dabei mehrmals folgende Anweisung:

 Ich lasse meinen Nacken lang.

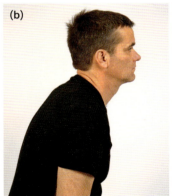
(b)

Abbildung 20–7a und b: Nacken lang (a), Nacken zusammengezogen (b)

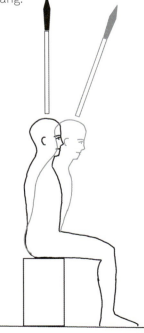

Abbildung 20–8: Der große Pinsel in der Verlängerung der Wirbelsäule

Nun geht es darum, aufzustehen (s. **Abb. 20–9**):

1. In aufrechter Haltung auf dem Stuhl sitzen. Die Füße stehen schulterbreit voneinander entfernt auf dem Boden.

2. Den Mittelteil nach vorne neigen, bis der Körperschwerpunkt über die Standfläche der Füße zu liegen kommt. Der Blick geht zum Boden.

3. Die Beine strecken und so den Mittelteil anheben.

4. Den Körper in die Lotlinie bringen.

Und wieder zurück ins Sitzen.

Abbildung 20–9: Vom Sitzen ins Stehen

20.11
Sich setzen

Die Bewegung (s. **Abb. 20–10**) langsam ausführen und dabei die
Anweisung mehrmals wiederholen.

 Ich lasse meinen Mittelteil in die Länge und Weite
wachsen.

1. Sich vor den Stuhl stellen.

2. Die Knie beugen und so den Körperschwerpunkt
   senken. Den Mittelteil nach vorne neigen.

3. Den Mittelteil senken, bis das Gesäß in Kontakt
   zur Sitzfläche kommt.

4. Den Mittelteil aufrichten.

Abbildung 20–10: Vom Stehen ins
Sitzen

Was machen die Knie beim Sich-Setzen und Aufstehen?

Bleiben sie in der Bewegungsebene der Beine und Füße (s. **Abb. 20–11**)?

Ziehen wir die Knie bei diesen Bewegungen nach innen (s. **Abb. 20-12**), so belastet dies nicht nur die Gelenke der Beine und Füße ungünstig, es führt auch zu Anspannungen im unteren Rücken und Nacken.

 Belassen Sie die Knie beim Aufstehen und sich Setzen in der Bewegungsebene der Beine und Füße.

Die folgende Anweisung hilft, die Knie nicht nach innen zu ziehen.

 Ich lasse meine Oberschenkel von den Hüftgelenken in Richtung Knie wegwachsen.

Abbildung 20–11: Vom Stehen ins Sitzen

Abbildung 20–12: Achtung! Die Knie beim Aufstehen nicht nach innen ziehen.

20.12
Sitzen am Arbeitstisch

Welches ist die optimale Tischhöhe?

Auch hier gilt das Prinzip, dass die natürliche Aufrichtung des Körpers nicht gestört werden sollte.

So lässt sich die optimale Tischhöhe ermitteln:
1. Die richtige Stuhlhöhe wählen.
2. Die Schultern auf den Rippen ruhen lassen.
3. Die Oberarme hängen lassen.
4. Die Unterarme auf den Tisch legen.

Liegen die Unterarme nun horizontal auf dem Tisch, stimmt die Tischhöhe (s. **Abb. 20-13a**).

Bei einem zu hohen Tisch (s. **Abb. 20-13b**) müssen Sie die Arme unnötigerweise anheben. Die Wahrscheinlichkeit ist groß, dass Sie die Schultern hochziehen und die Schulter- und Nackenmuskulatur verspannen. Bei einem zu tiefen Tisch (s. **Abb. 20-13c**) müssen Sie die Wirbelsäule nach vorne und unten krümmen, was die Nacken- und Rückenmuskulatur in Spannung versetzt.

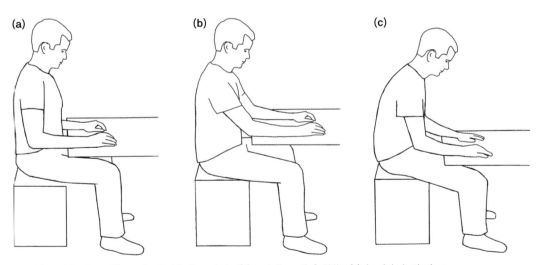

(a)   **(b)**   **(c)**

Abbildung 20–13a-c: Die optimale (a), die zu hohe (b) und die zu tiefe Höhe (c) des Arbeitstisches

20.13
Sitzen am PC

So sieht die ideale Anordnung an einem PC-Arbeitsplatz aus (s. **Abb. 20-14a**).

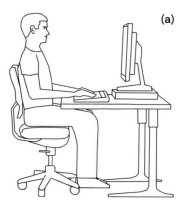

(a)

Die Tastatur ist auf der Höhe der Ellenbogen etwa 20 cm von der Tischkante entfernt. Der Bildschirm steht eine Armlänge entfernt, die Bildschirmoberkante ist auf Augenhöhe.

Ist der Bildschirm zu tief, ziehen die nach unten gerichteten Augen den Kopf und die Wirbelsäule nach vorne und unten. Die Halsrückseite wird dabei verkürzt, der Rücken rund.

Einzige Ausnahme: Bei Trägern von Bifokalbrillen muss die Bildschirmhöhe so eingerichtet sein, dass sie bei horizontaler Kopfstellung durch den entsprechenden Teil der Brillengläser schauen können.

Eine gute Alternative zum Sitzen am PC ist das Stehpult (s. **Abb. 20-14b**).

Die Aufrichtung des Körpers im Stehen ist wesentlich einfacher und weniger anstrengend als im Sitzen. Idealerweise wechselt man zwischen Sitzen und Stehen ab.

(b)

Noch ein Wort zum Arbeiten am Laptop. Laptops sind ungeeignet für längeres Arbeiten. Das Hauptproblem: Der Bildschirm ist zu tief. Er zwingt den Benutzer ständig nach unten zu schauen. Verspannte Nackenmuskeln sind die Folge. Außerdem ist die Gefahr groß, beim Sitzen zusammenzusinken. Die mögliche Alternative besteht darin, zusätzlich eine Tastatur oder einen Bildschirm zu verwenden. So lassen sich auch mit einem Laptop ergonomisch gute Bedingungen schaffen.

Abbildung 20–14a und b: PC-Arbeitsplatz mit optimaler Stuhl-, Tisch- und Bildschirmhöhe (a). Im Stehen am PC arbeiten (b).

20.14
Sitzen im Auto

Beim Sitzen im Auto ist das Becken sehr häufig nach hinten gekippt (s. **Abb. 20-15a**). Diese halb liegende Sitzposition wird zwar als entspannt empfunden, für die Belastung der Wirbelsäule ist sie aber ungünstig, ganz besonders für den unteren Rücken und die Halswirbelsäule.

Auch beim Autofahren ist die aufrechte Sitzposition dem Körper besser angepasst (s. **Abb. 20-15b**). Der untere Rücken wird von der Rückenlehne gestützt, und der Kopf kann entspannt an der Kopfstütze anlehnen.

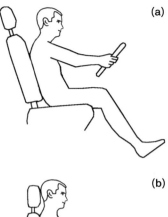

(a)

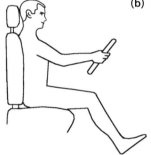

(b)

Abbildung 20–15a und b: Die nach hinten gekippte Rückenlehne unterstützt die Aufrichtung der Wirbelsäule nicht. Die Bandscheiben der Lendenwirbelsäule werden unnötig belastet (a). Die senkrechte Rückenlehne stützt die Wirbelsäule (b).

21
Arme – Handeln im Raum

21.1
Die Verbindung der Arme zum Skelett

Die sehr bewegliche Verbindung der Arme zur Wirbelsäule (s. **Abb. 21–1**) gibt ihnen große Bewegungsfreiheit. Der Arm lässt sich bewegen, ohne den Mittelteil in seiner Ausrichtung zu stören.

Der Oberarmknochen trifft im Schultergelenk auf das Schulterblatt. Das Schulterblatt liegt sehr beweglich hinten auf den Rippen. Auf der Körpervorderseite ist es durch das Schlüsselbein mit dem Brustbein verbunden. Das Brustbein wiederum ist über die Rippen mit der Wirbelsäule verbunden.

Dank der Bewegung des Schlüsselbeins im Schlüsselbein-Brustbein-Gelenk können wir den Arm weiter nach vorne und oben bewegen, als es unsere Armlänge erlauben würde. Somit kann das Schlüsselbein als oberster Armknochen betrachten werden.

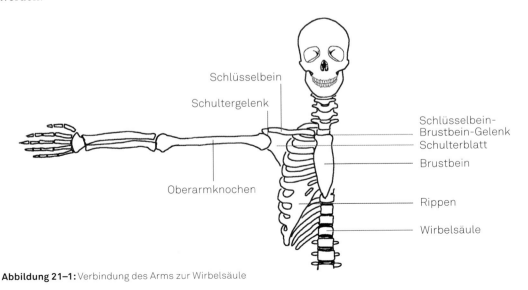

Schlüsselbein

Schultergelenk

Schlüsselbein-
Brustbein-Gelenk

Schulterblatt

Brustbein

Oberarmknochen

Rippen

Wirbelsäule

Abbildung 21–1: Verbindung des Arms zur Wirbelsäule

21.2
Wahrnehmung des Schlüsselbein-Brustbein-Gelenks

 Die Finger der rechten Hand auf das linke Schlüssel-bein-Brustbein-Gelenk legen. Die linke Schulter nach oben, unten, vorne und hinten bewegen. So nehmen Sie die Bewegung in diesem Gelenk wahr.

Bewegen wir den Arm, können wir dies mit dem Bewusstsein tun, dass er über das Schlüsselbein mit dem Brustbein verbunden ist. Wir bewahren so die Weite der Brust und bewegen die Arme klarer in den Schultergelenken. Die Brustwirbelsäule wird nicht mit den Armen nach vorne und unten gezogen.

Ich lasse den Arm vom Brustbein durch Schlüssel-bein, Ober- und Unterarm, Hand und Finger in die Länge wachsen (s. **Abb. 21–2**).

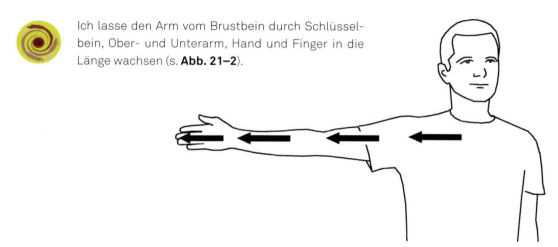

Abbildung 21–2: Anweisung für die Länge des Arms

21.3
Position der Schultern

Hochgezogene Schultern

(a)

Die „Armaufhängung", bestehend aus Schulterblatt und Schlüsselbein, liegt auf den Rippen. Das heißt, wir müssen unsere Schultern nicht tragen. Wir können diese Aufgabe den Rippen überlassen.

 Um dies besser zu spüren, hilft folgende Übung: Ziehen Sie die Schultern hoch, so hoch wie es geht (s. **Abb. 21–3a**) und lassen Sie sie danach langsam wieder sinken (s. **Abb. 21–3b**). Die Schultern entspannt auf die Rippen legen.

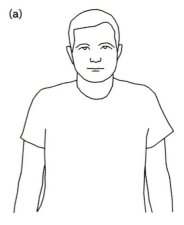

 Ich kann meine Schulter auf den Rippen liegen lassen.

(b)

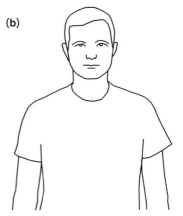

Abbildung 21–3a und b: Hochgezogene (a) und von den Rippen getragene Schultern (b)

Hängende Schultern

Wenn die Schultern nach vorne und unten fallen, so liegt das an der Krümmung der Brustwirbelsäule. Neigt sich diese nach vorne, gleiten die Schulterblätter ebenfalls seitlich nach vorne (s. **Abb. 21–4a**). Bei einer Aufrichtung der Brustwirbelsäule dagegen kommen die Schultern von alleine in die seitliche Position (s. **Abb. 21–4b**). Werden die Schultern jedoch nach hinten gezogen, führt dies zu einer Verspannung der Schulter- und Nackenmuskulatur.

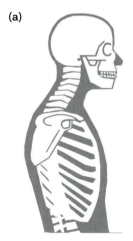

(a)

 Die Brustwirbelsäule krümmen und wieder aufrichten. Was geschieht dabei mit den Schultern?

 Ich lasse meine Brustwirbelsäule als Teil der ganzen Wirbelsäule in die Länge wachsen.

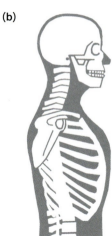

(b)

Häufig verbinden wir Armbewegungen unnötigerweise mit einer Bewegung der Wirbelsäule. Wir ziehen beginnend mit dem Kopf die Brust- und Halswirbelsäule mit nach vorne (Beispiele: PC-Arbeit, Arbeiten an einem Tisch, in der Küche usw.). Verbinden wir die Armbewegung mit der Ausrichtung der Wirbelsäule, so ersetzen wir diese störende Gewohnheit durch das natürliche Bewegungsprogramm.

Abbildung 21–4a und b: Das Schulterblatt bei aufgerichteter (a) und bei gekrümmter Brustwirbelsäule (b)

Lange Finger

Diese Übung hilft, die Schultern entspannt auf den Rippen liegen und gleichzeitig die Arme und Hände lang zu lassen.

 Aufrecht auf einen Stuhl sitzen, die Füße sind schulterbreit voneinander entfernt am Boden. Die Hände auf die Oberschenkel legen, die Finger zeigen in Richtung Knie (s. **Abb. 21–5**).

 Ich lasse meine Schlüsselbeine in die Weite und meine Finger in die Länge wachsen.

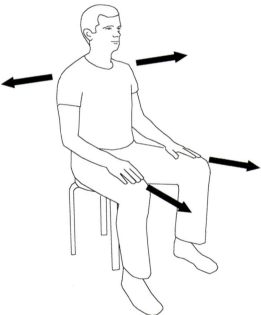

Abbildung 21–5: Die Schultern in die Weite, die Finger in die Länge wachsen lassen

21.4
Schreiben

Das Schreiben ist oft mit unnötigen und störenden Programmen überlagert. Mit dem folgenden Experiment lassen sich einige davon erkennen (s. **Abb. 21–6a** und **b**).

Papier und Stift bereitlegen. Sich an den Tisch setzen. Eine Unterschrift auf das Papier setzen. Dabei auf die Muskelspannung in der Hand, im Arm, am Unterkiefer und im Nacken achten. Atmung beobachten.

Vermutlich waren einige Muskeln beim Unterschreiben unnötigerweise angespannt, vielleicht haben Sie auch die Atmung angehalten – gängige Bewegungsmuster vieler Menschen.

Weiter im Experiment: Am Tisch sitzen bleiben. Unterarme und Hände auf den Tisch legen. Sich Anweisungen für die Länge und die Weite des Mittelteils geben. Die Schultern auf den Rippen ruhen lassen. Die Arme und Hände in die Länge wachsen lassen. Den Raum zwischen dem Körper und dem Tisch wahrnehmen.

Den Stift mit minimaler Kraft halten und jetzt das ABC in großen Blockbuchstaben schreiben. Lassen Sie sich Zeit, die Buchstaben langsam auf dem Blatt entstehen zu lassen.

Zum Schluss noch einmal eine Unterschrift auf das Blatt setzen, langsam, mit Körperausrichtung und minimaler Kraft.

Wie fühlt sich der Körper diesmal an?

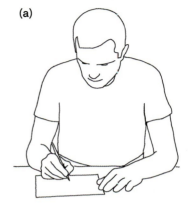

(a)

(b)

Abbildung 21–6a und b: Schreiben mit zusammengesunkener (a) und mit aufgerichteter Wirbelsäule (b)

22
Atmung – die innere Bewegung

22.1
Wie die Atmung funktioniert

Atmen Sie? Blöde Frage, natürlich atmen Sie, oder eher: Es atmet. Die Atmung geschieht automatisch, lässt sich aber beeinflussen.

Bevor wir mit der Atmung experimentieren, ist es hilfreich die Funktion der Atmung anzuschauen.

Das wichtigste Organ der Atmung ist die Lunge. Sie befindet sich im Brustraum, umgeben von den Rippen. Das Volumen der Lunge wird beim Atmen durch die Bewegung des Zwerchfells und der Rippen vergrößert und verkleinert. Luft strömt ein und aus. Das Zwerchfell, eine Muskel- und Sehnenplatte, welche Lunge und Herz von den Verdauungsorganen trennt, ist der Hauptatemmuskel. Die zweitwichtigste Muskelgruppe für die Atmung sind die Zwischenrippenmuskeln. Sie bewegen die zwölf Rippenpaare in den Rippen-Wirbelgelenken (s. **Abb. 22–1**).

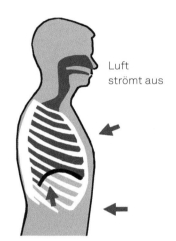

Luft
strömt aus

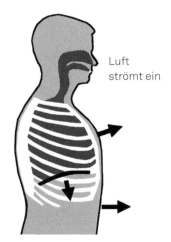

Luft
strömt ein

Abbildung 22–1: Die Bewegung von Zwerchfell und Rippen bei der Atmung

Wie bewegt sich das Zwerchfell beim Ein- und Ausatmen? Um dies herauszufinden, legen Sie eine Hand auf den oberen Bauch und versuchen Sie, die Zwerchfellbewegung zu erspüren. Sinkt oder steigt das Zwerchfell beim Einatmen?

Die Antwort: Es sinkt beim Einatmen. Sind Sie irritiert? Glaubten Sie das Zwerchfell steigt beim Einatmen? So falsch diese Vorstellung ist – Sie teilen sie mit vielen Menschen.

Während sich das Zwerchfell beim Einatmen senkt, steigen die Rippen nach oben und außen und vergrößern so das Lungenvolumen.

Beim Ausatmen sinken die Rippen nach unten, das Zwerchfell steigt.

Die Rippen drehen sich in den Rippen-Wirbelgelenken, wogegen die Wirbelsäule ruhig bleibt. Für das Einatmen ist kein Strecken der Brustwirbelsäule nötig. Genauso wenig wie das Hochziehen der Schultern, welches nur zu verspannten Schultern führt.

 Um die Atembewegung der unteren Rippen wahrzunehmen, legen Sie die Hände hinten auf den Rücken. Spüren Sie, wie sich die Rippen bewegen?

 Meine zwölf Rippenpaare bewegen sich in den Rippen-Wirbel-Gelenken beim Einatmen seitlich nach oben und beim Ausatmen wieder nach unten.

22.2
Atembewegung im Bauchraum

 Legen Sie sich in der Regenerationsposition auf den Rücken (s. **Abb. 22–2**). Nehmen Sie sich Zeit zum Entspannen. Die Hände liegen auf dem oberen Bauch, um die Bewegung wahrzunehmen, die durch das Ein- und Ausströmen der Luft entsteht. Die Atembewegung soll dabei nicht bewusst verändert werden. Es geht nur darum, wahrzunehmen, was unter den Händen geschieht. Möglich ist, dass sich die Atembewegung durch die gerichtete Aufmerksamkeit von alleine verändert. Die Hände nun weiter unten auf den Bauch legen, etwa eine Hand breit unter dem Bauchnabel. Ist hier eine Atembewegung spürbar? Legen Sie nun die Hände über das Schambein und wiederholen Sie die Übung.

Die natürliche Atembewegung ist nicht nur im Brustraum, sondern auch im ganzen Bauchraum spürbar, vorne bis hinunter zum Schambein, seitlich zwischen den Rippen und am oberen Rand des Beckens, im unteren Rücken und der Beckenbodenmuskulatur.

Als Modell für diese Bewegung können Sie sich zwischen Beckenboden und Zwerchfell einen großen, mit Wasser gefüllten Luftballon vorstellen. Dieser Raum ist zum größten Teil mit Därmen gefüllt, die in ihrer Beschaffenheit dem Wasserballon nicht unähnlich sind. Senkt sich nun das Zwerchfell, so entsteht ein Druck auf den Ballon. Weil das Wasser aber nicht entweichen kann, dehnt sich der Ballon überall dort aus, wo er Platz hat, d.h. wo ihn nicht Knochen oder angespannte Muskulatur daran hindern.

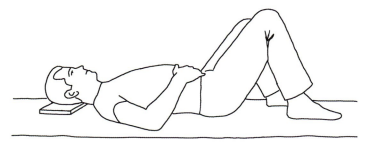

Abbildung 22–2: Die Atembewegung mit den Händen wahrnehmen

22.3
Atembewegung im Sitzen

Setzen Sie sich aufrecht auf einen Stuhl. Das Becken liegt auf den Sitzbeinhöckern. Geben Sie sich Anweisungen für die Länge und Weite des Mittelteils. Versuchen Sie, die Atembewegung im Bauch, auf den Seiten, im unteren Rücken und in der Beckenbodenmuskulatur wahrzunehmen (s. **Abb. 22–3**).

Mein Bauchraum kann sich beim Einatmen nach vorne, hinten, zur Seite und nach unten ausdehnen.

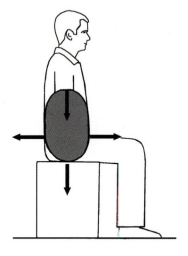

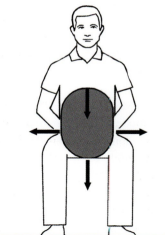

Abbildung 22–3: Sitzend die Atembewegung im Bauchraum wahrnehmen

23
Mund, Kiefer, Zunge – ein spannender Bereich

Der Mund ist einer der interessantesten Bereiche in der Bewegungsorganisation. Ein grosser Teil der zwischenmenschlichen Kommunikation geschieht über das Gesicht. Wir setzten es ein, um unseren Mitmenschen Signale zu geben. Das Gesicht ist etwas Intimes, etwas sehr Persönliches. Wir zeigen mit der Mimik unseres Gesichts unsere Emotionen, haben aber auch gelernt diese zu verbergen und unser Gesicht als Maske zu gebrauchen. Und der Mund ist ein wesentlicher Teil des Gesichts. Als solcher ist er viel mehr als etwa ein Arm oder ein Bein mit unserer Persönlichkeit verbunden.

Abbildung 23–1: Wie aktiv der Unterkiefer als Bewegungsorgan sein kann, ist beim Hund deutlich zu sehen.

Unser Mund oder genauer gesagt der Unterkiefer ist aber auch ein Bewegungsorgan, und darin mit den Armen und Beinen vergleichbar. Schauen wir, was ein Hund mit seinem Unterkiefer so alles macht, so wird dieser Vergleich offensichtlich (s. **Abb. 23–1**). Der Unterkiefer kann etwas packen und tragen. Der Hund kann mit dem Unterkiefer bellen, sich laut mitteilen, seine Aggression zum Ausdruck bringen. Er kann beissen, kann Nahrung in Stücke zerreissen, damit er sie schlucken kann. Diese aggressive Komponente steckt als Potential auch in unserem Mund.

In unserem normalen Alltag machen wir von diesen Möglichkeiten eher wenig Gebrauch und entsprechend nimmt auch die Bewegungsfähigkeit der Mundregion ab. Aber was wäre ein Sänger, der seinen Mund beim Singen nicht weit öffnet oder eine professionelle Fernsehsprecherin, welche ihren Unterkiefer und ihre Zunge nicht gekonnt einsetzt, um Sprache zu artikulieren. Denn eine gute Bewegungsorganisation von Mundraum (Unterkiefer, Zunge, weicher Gaumen und Kehlkopf) und Atmung sind Vorbedingungen, damit sich die Stimme frei entfalten kann.

Doch wenn wir von starken Emotionen ergriffen werden, zeigt sich bei uns allen, zu was unser Mundraum fähig ist. Wir

kreischen vor Angst, wir schreien vor Wut, wir jauchzen vor
Freude, wir lachen laut über einen gelungenen Spass, wir küssen
voller Leidenschaft, wir schluchzen, wenn uns Trauer überwäl-
tigt. In solchen Momenten nutzen wir den Mundraum weit über
den Normalbereich hinaus.

Sind wir andererseits gestresst, wird die Funktionsfähigkeit
unseres Mundraums durch verschiedene ungewollte Reaktionen
beeinträchtigt. Als erstes reagiert die Zunge. Sie verlässt die ent-
spannte, liegende Position im Unterkiefer. Die Zungenspitze berührt die oberen Schneidezähne oder drückt sogar gegen den
Gaumen. Es ist die gleiche Bewegung, welche wir auch beim
Schlucken machen. Bei Stress bleibt die Zunge jedoch am
Gaumen „kleben". In belastenden Situationen reagiert auch die
Kiefermuskulatur mit Anspannung. Wir ziehen den Unterkiefer
nach oben und hinten ins Kiefergelenk. Wir beissen auf die
Zähne. Wir können dies sogar im Schlaf tun. Beim nächtlichen
Zähneknirschen kann der Druck auf die Zähne so gross sein,
dass sie abgerieben werden. Und schliesslich ziehen wir auch
den Kehlkopf nach oben, sodass die Atemwege eng werden.

Da sich Stress sehr unmittelbar auf unseren Mundraum aus-
wirkt, hilft uns die differenzierte Wahrnehmung dieser Körperregion enorm, uns von sich hochschaukelnden Stressreaktionen
zu befreien. Die folgenden Selbstexperimente zeigen, wie es
geht.

23.1
Der Unterkiefer

Betrachtet man die Funktion des Unterkiefers, so gehört er nicht zum Schädel. Denn er ist im Gegensatz zum Schädel ein Bewegungsorgan, während der Schädel Sitz des Gehirns sowie der meisten Sinnesorgane ist.

Der Unterkiefer dient der Nahrungsaufnahme und der Kommunikation. Dazu ist eine gute Beweglichkeit des Kiefers notwendig. Denn ohne den Mund zu öffnen, können wir weder essen noch sprechen. Schiebt man die beiden Unterkieferhälften zur Seite, ist die Unterscheidung zwischen dem zum Körpermittelteil gehörenden Schädel und dem eher mit Armen und Beinen verwandten Unterkiefer gut sichtbar (s. **Abb. 23–2**).

(a)

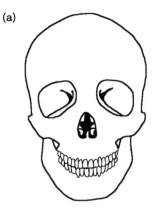

(b)

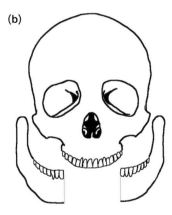

Abbildung 23–2: Schädel mit Unterkiefer (a) und mit seitlich weggeschobenem Unterkiefer (b)

23.2
Lage der Kiefergelenke

 Versuchen Sie, von außen die Lage der Kiefergelen-
ke zu ertasten: Mit den Fingern dem Kieferknochen
bis an seine Enden nach hinten und oben folgen.
Den Kiefer dabei leicht bewegen. Das macht die
Suche einfacher.

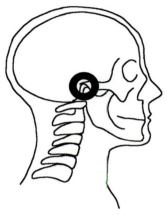

Wenn Sie am Ende des Knochens angelangt sind, müssten Sie
das Gelenk ertastet haben. Es befindet sich unmittelbar vor dem
Eingang des Gehörganges (s. **Abb. 23-3**). Das Kiefergelenk ist
ein sehr offenes Gelenk, das sehr viel Bewegung zulässt. Bewegen wir den Kiefer nach unten, öffnet sich der Mund. Wir können ihn aber auch seitlich und nach vorne verschieben, was beim
Kauen ganz nützlich ist.

Abbildung 23–3: Lage des Kieferge-
lenks

23.3
Beißen oder Nichtbeißen

 Könnte es sein, dass Sie den Unterkiefer gewohnheitsmäßig nach oben ziehen und so die Zähne immer etwas zusammenpressen? Wenn ja, dann versuchen Sie, zwischen den Zähnen etwas Platz zu lassen (s. **Abb. 23–4**).

 Ich lasse den Unterkiefer im Kiefergelenk leicht nach unten sinken.

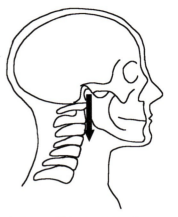

Abbildung 23–4: Ausrichtung des Unterkiefers nach unten

23.4
Die Zunge im Unterkiefer

 Wo befindet sich die Zungenspitze? Berührt sie den Gaumen, die oberen Schneidezähne oder die unteren? Legen Sie Ihre Zunge so in den Unterkiefer, dass sie die Spitze die unteren Schneidezähne von hinten berührt (s. **Abb. 23–5**). Geht das? Vielleicht finden Sie, Ihre Zunge sei zu lang und passe niemals in den Unterkiefer. Wenn Sie diese Zungenstellung nicht gewohnt sind, ist dieses Gefühl normal.

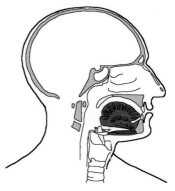

Abbildung 23–5: Längsschnitt durch Kopf und Hals mit Atemwegen

Beim Schlucken geht die Zungenspitze nach oben an den Gaumen. Danach kann sie sich wieder hinter die unteren Schneidezähne legen. Die Zunge ist so in ihrer entspannten Ausgangsposition und engt die Atemwege nicht ein. Wenn Sie den Eindruck haben, die Zunge hätte in dieser Position nicht genügend Platz, dann machen Sie doch gleich die Schubladenbewegung.

23.5
Schubladenbewegung

Schieben Sie den Unterkiefer leicht nach vorne, sodass die unteren Schneidezähne etwas weiter vorne sind als die oberen (s. **Abb. 23–6**). Die Zunge bleibt im Unterkiefer liegen, die Zungenspitze in Kontakt mit den unteren Schneidezähnen. Den Kiefer nun wieder zurückbewegen. Stellen Sie sich den Unterkiefer als Schublade vor, die Sie herausziehen und wieder zurückschieben. Diese Schubladenbewegung einige Male wiederholen. Spüren Sie eine Dehnung in Ihrer Kiefergelenkmuskulatur?

War diese Bewegung sehr ungewohnt für Sie? Könnte es sein, dass Sie den Unterkiefer normalerweise nach hinten ziehen?

Hat Ihre „lange" Zunge besser Platz, wenn Sie den Unterkiefer ein wenig nach vorne schieben?

Versuchen Sie nun, die Ausrichtung für den Unterkiefer nur zu denken.

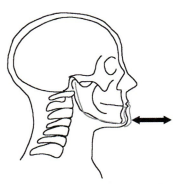

Abbildung 23–6: Den Unterkiefer nach vorne und zurück schieben

Ich lasse meinen Unterkiefer nach vorne in Richtung Kinn in die Länge wachsen.

Schubladenbewegung und Atmung

Kombinieren Sie die Schubladenbewegung nun mit Ihrer Atmung. Schieben Sie den Kiefer beim Einatmen nach vorne und ziehen Sie ihn beim Ausatmen wieder zurück.

Ist eine Dehnung der Zungenmuskulatur spürbar? Fühlt sich der Mund-Rachen-Raum größer an?

23.6
Lächeln

Eine ganz tolle Art mit dem Mundraum, aber auch dem Gesicht und dem ganzen Kopf zu experimentieren, ist das Lächeln. Bewusstes Lächeln aktiviert in subtiler Weise viele Muskeln und damit auch die Innenräume unseres Kopfes. Und es verändert wie auf Knopfdruck unsere Stimmung. Wir fühlen uns besser, leichter, glücklicher. Ein wunderbares Beispiel wie wir durch eine bewusste Veränderung des Körpers unsere Gedanken und Emotionen beeinflussen können. Probieren Sie es aus.

Denken Sie an ein lustiges Erlebnis.

Beobachten Sie, ob dieser Gedanke eine Veränderung im Mund und der Gesichtsmuskulatur verursacht.

Gibt es mehr Platz in Mund und Rachen? Strömt die Luft anders durch die Nase? Empfinden Sie eine Kühle in der Nase? Der lustige Gedanke macht die Räume im Mund und in der Nase weiter.

24
Die Stimme bringt uns in Schwingung

Die Stimme stand am Anfang der Alexander-Technik. Hätte F.M. Alexander beim Rezitieren von Shakespeare-Texten nicht die Stimme verloren, hätte er sich wohl nie derart vertieft mit der menschlichen Selbstorganisation beschäftigt.

Brauchen wir unsere Stimme, kommt unser Wesen in Schwingung. Das Erzeugen von akustischen Signalen durch unsere Stimme ist nicht nur ein physiologischer Prozess, es ist immer auch ein emotionaler Ausdruck. Dieses Zeigen der eigenen Emotionen macht es für viele Menschen auch schwer vor anderen Leuten zu sprechen oder gar zu singen. Man zeigt nicht gerne, was man fühlt, man behält es lieber für sich.

Doch im Experimentieren mit der Stimme, der Befreiung von unnötigen muskulären Spannungsmustern liegt ein grosses Lernpotential für unsere gesamte Selbstorganisation. Körperhaltung, Beweglichkeit, Aufmerksamkeit, Emotionalität, Atmung – all das spielt in der Stimme zusammen. So war es wahrscheinlich kein Zufall, dass die Alexander-Technik in einem Stimmproblem ihren Ursprung hatte.

24.1
Töne aufsteigen lassen

 Legen Sie sich in der regenerativen Rückenlage auf den Boden. Die Hände auf den Bauch legen. Mit den Händen die Atembewegung der Bauchdecke wahrnehmen. Die Luft durch die Nase ein- und durch den Mund ausströmen lassen. Die ausströmende Luft mit einem „H" färben. Stellen Sie sich vor, dieses „H" steigt ganz leicht, ohne Ihr bewusstes Zutun, von ganz unten, von Ihrem Beckenboden durch eine Röhre in der Mitte Ihres Körpers hoch in den Mundraum, wo es durch den Mund in den Raum austritt. Die Beckenbodenmuskulatur kann sich dabei beim Einatmen senken und beim Ausatmen heben (s. **Abb. 24–1**).

Machen Sie Pause, spüren Sie nach, wie sich Ihr Körper anfühlt.

Machen Sie noch einmal die gleiche Übung. Statt einem „H" aber nun einen Seufzer, einen Entspannungsseufzer aufsteigen und danach die Luft wieder einströmen lassen. Das Seufzen kann Ihnen helfen Anspannungen in Bauch und Becken loszulassen.

Färben Sie nun die ausströmende Luft mit einem „F", ein Ton, wie wenn Sie die Luft aus einem Fahrradreifen ablassen. Wiederum ganz leicht, ohne zu forcieren. Die Lippen sind nun gespitzt, um den Luftstrom zu steuern.

Und zum Schluss dieses Experiments fügen Sie dem „F" noch ein „O" an. Sie wechseln also vom Konsonanten „F" auf den Vokal „O". Der Mund öffnet sich, formt den Resonanzraum für das „O".

Dieses Experiment kann Ihnen einen neuen Zugang zu Ihrer Stimme eröffnen, indem Sie erfahren, wie die Stimme in Ihrem Inneren entsteht ohne dass Sie sich in irgendeiner Art und Wiese anstrengen müssen. Die Töne kommen so selbstverständlich aus Ihrem Mund, wie die ausströmende Atemluft. Mehr Anstrengung braucht es nicht.

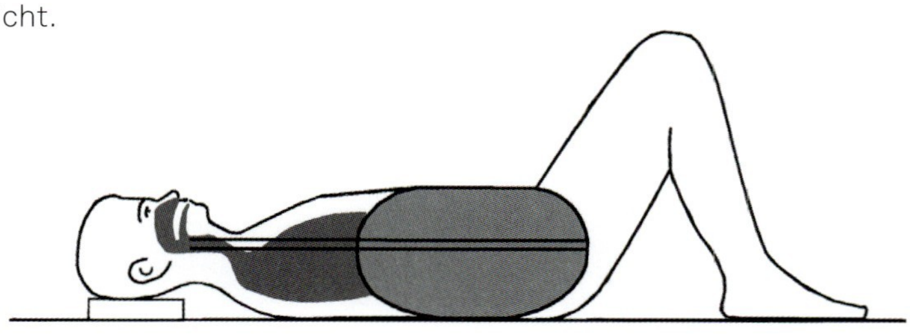

Abbildung 24–1: Töne vom Beckenboden durch die vorgestellte Röhre in den Mundraum aufsteigen lassen

24.2
Durch die Nase und den Mund

 Legen Sie die Zunge lang und flach in den Unterkiefer, sodass die Zungenspitze die unteren Schneidezähne von hinten berührt. Den Unterkiefer leicht nach vorne schieben, sodass die unteren Schneidezähne gleich weit vorne sind wie die oberen. Die oberen und die unteren Zähne berühren sich nicht. Eine Hand auf den Bauch legen und die Atembewegung wahrnehmen. Den Atem ein- und ausströmen lassen, wobei Sie die ausströmende Luft mit einem gesummten „M" färben. Es ist egal, wie das „M" tönt, ob hoch, tief, holprig oder fließend. Wichtig ist, dass Sie die Atmung nicht forcieren, d.h. die Luft nicht herauspressen, sondern wie beim normalen Ausatmen ausströmen lassen.

Übrigens: Wo kommt der Ton raus? Genau, nicht aus dem Mund, sondern aus der Nase. Halten Sie mal die Nase zu und versuchen Sie ein „M" zu summen. Geht nicht, eben (s. **Abb. 24–2a**).

Geben Sie dem Ton in Ihrer Vorstellung nun eine Richtung, schicken Sie ihn zwischen den Zähnen hindurch in Richtung Lippen. Entstehen so Vibrationen in Ihren Lippen? Wenn nicht, dann bewegen Sie während des Summens den Unterkiefer leicht nach vorne und zurück. Berühren Sie die Lippen mit den Fingern, um die Vibrationen zu spüren.

Gehen wir nun noch einen Schritt weiter. Beginnen Sie beim Ausatmen wieder, die ausströmende Luft mit einem gesummten „M" zu färben. Wechseln Sie dann auf ein offenes „A". Das geht so: Die Zunge bleibt flach im Unterkiefer liegen. Den Unterkiefer nach unten sinken lassen, sodass sich der Mund öffnet (s. **Abb. 24–2b**). Die ausströmende Luft mit einem „A" färben. Der weiche Gaumen lenkt nun den Luftstrom vom Nasen- in den Mundraum um. Achten Sie darauf, dass Sie den Unterkiefer nicht zurück in die Gelenke ziehen. Er soll in einer leicht nach vorne geschobenen Stellung bleiben. Das „A" aus dem Mund abstrahlen lassen wie bei einem Megaphon. Füllen Sie damit den Raum und lassen Sie ihn durch die Ohren auf Ihr Gehör wirken. Genießen Sie es!

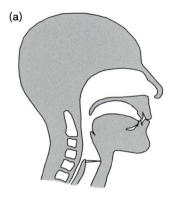

(a)

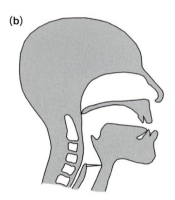

(b)

Abbildung 24–2a und b: Stellung von Unterkiefer, Zunge und weichem Gaumen bei Konsonanten „M" (a) und beim Vokal „A" (b)

25
Sehen – auch eine Gewohnheitssache

Unser Sehen ist ebenso von Gewohnheiten bestimmt wie das Stehen, Gehen oder Bewegen der Arme. Es ist ein komplexer Prozess, bei dem die Informationserfassung durch die Augen nur den Anfang darstellt.

25.1
Vom Auge ins Bewusstsein

Das Licht kommt durch das Auge seitenverkehrt auf die Netzhaut und wird dort in elektrische Impulse umgewandelt. Von den Rezeptoren der Netzhäute gehen die Impulse durch die Sehnerven in die Sehrinde, ins Sehzentrum des Gehirns. Bei der Kreuzung der beiden Sehnerven werden die Informationen aus dem rechten beziehungsweise linken Gesichtsfeld beider Augen zusammengeführt, sodass in der linken Sehrinde alle Informationen aus dem rechten und in der rechten Sehrinde alle Informationen des linken Gesichtsfeldes eintreffen. Erst dort im hintersten Teil des Großhirns, findet dann das eigentliche Sehen statt (s. **Abb. 25-1**).

Wie in Kapitel 3 „Wie das Gehirn lernt" (S. 35 ff.) über das Gehirn beschrieben, arbeitet dieses vernetzt. Einzelne Hirnbereiche haben sich zwar auf eine bestimmte Funktion spezialisiert, erfüllen ihre Aufgabe jedoch immer im Zusammenspiel mit anderen Hirnbereichen. So ist es auch beim Sehen. Das Sehzentrum ist verbunden mit anderen Hirnregionen. Beim Erstellen eines visuellen Bildes fließen deshalb

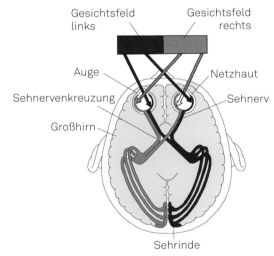

Abbildung 25–1: Der Weg der visuellen Information zum Auge und über die Sehnerven zur Sehrinde (schematische Darstellung)

Informationen aus dem Gedächtnis, aus dem emotionalen Erfahrungsgedächtnis, über die momentane körperliche Befindlichkeit und auch aktuelle Gedanken mit ein.

Dieser Aufbereitungsprozess der Informationen bis zum Bild,
welches in unser Bewusstsein kommt, ist mit Alexander-Technik-Instrumenten beeinflussbar. Wie das geht, erfahren Sie
praktisch in den folgenden Selbstexperimenten.

25.2
Augen horizontal geradeaus

Die Augen sind sehr wichtige Organe für die Bewegungssteuerung. Sie führen die Bewegungen des Schädels, und dieser führt
die Wirbelsäule. Schauen die Augen horizontal nach vorne, richtet dies die Wirbelsäule auf. Neigen sich die Augen zum Boden,
folgt ihnen der Körper. Das Resultat ist eine nach vorne und unten geneigte Haltung (s. **Abb. 25–2**).

 Gehen Sie einige Schritte. Finden Sie dabei heraus,
wohin Sie beim Gehen schauen: nach unten, nach
vorne oder nach oben?

Gehen Sie nun mit dem horizontal nach vorne gerichteten Blick. Wie fühlt sich das an?

Stehen Sie etwa in drei Meter Entfernung vor eine
Wand und fixieren Sie einen Punkt auf Augenhöhe.
Gehen Sie nun zur Wand hin, um zu prüfen, ob die
Augen tatsächlich auf der vermuteten Höhe liegen.

Befestigen Sie zu Hause oder an Ihrem Arbeitsplatz
farbige Klebepunkte auf Augenhöhe. Nutzen Sie
diese Punkte, um Ihre Blickrichtung zu überprüfen
und immer wieder neu auszurichten.

Abbildung 25–2: Die Blickrichtung
beeinflusst die Körperhaltung

25.3
Fokussierter Blick – Panoramablick

Wir können unser Sehen bewusst auf ein kleines Sichtfeld fokussieren oder zu einem Panoramablick weiten.

 Strecken Sie beide Arme auf Schulterhöhe nach vorne und zeigen Sie mit den Zeigefingern nach oben. Die Augen auf die beiden Zeigefinger richten (s. **Abb. 25–3a**). Diese mit gestreckten Armen langsam auseinander bewegen. Gleichzeitig beide Finger beobachten, ohne ihnen mit den Augen zu folgen. Sie so weit zur Seite bringen, bis sie nur noch knapp zu sehen sind (s. **Abb. 25–3b**). Die Finger beugen und strecken, damit sie besser wahrzunehmen sind. Sie wieder in die Ausgangsstellung nach vorne zurückbringen und dabei die Weite des Sichtfeldes belassen.

Welche Wirkung hatte der Panoramablick auf das Stehen, die Muskelspannung? Wie fühlen sich die Augen nach diesem Experiment an?

Der fokussierte Blick kann zu einem Nach-vorne-Schieben des Schädels und zur Anspannung der Muskulatur rund um die Augen führen. Der Panoramablick hingegen bringt den Schädel in die zentrierte Position zurück. Die rückseitige Körpermuskulatur kann sich entspannen.

Im Alltag können Sie den Panoramablick mit einer mentalen Anweisung aktivieren.

 Ich lasse meinen Blick weit werden.

Abbildung 25–3a und b: Vom fokussierten Blick (a) zum Panoramablick (b)

Auf der Netzhaut befinden sich verschiedene Arten von Rezeptoren: Solche zum Scharfsehen, zum Farbsehen und solche, um Bewegungen zu sehen.

Die Netzhaut verfügt in ihrer Mitte über eine kleine Fläche: den gelben Fleck mit Rezeptoren für das Farbsehen. Das Zentrum dieses Flecks bildet die Sehgrube, die Stelle des schärfsten Sehens mit einem Durchmesser von 0,1 mm. Nur Lichtstrahlen, die hier auftreffen, werden scharf wahrgenommen. Auf der weitaus größeren Fläche der Netzhaut befinden sich Rezeptoren, die nur Helligkeitsunterschiede und Bewegungen registrieren (s. **Abb. 25–4**).

Denken wir wieder an unsere steinzeitlichen Vorfahren, so wird uns klar, warum die Netzhaut so aufgebaut ist. Ein weites Sichtfeld war von lebenswichtiger Bedeutung, wenn es galt, Beute zu erspähen, Beeren und Pilze zu finden und rechtzeitig Gefahren zu erkennen. Im heutigen Leben kennen wir viele Tätigkeiten, allen voran das Arbeiten am Bildschirm, welche einseitig ein nach vorne fokussiertes Sehen verlangen. Wechseln wir nicht zwischendurch immer wieder zum weiten Blick, hat das fokussierte Sehen eine störende Auswirkung auf unsere Bewegungsorganisation – es zieht den Schädel nach vorne.

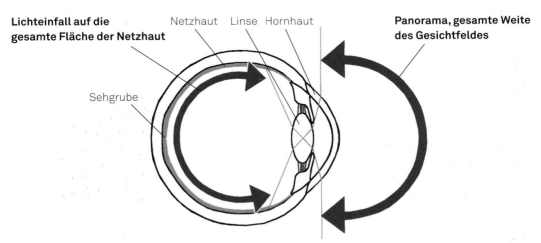

Abbildung 25–4: Horizontalschnitt durch das Auge. Schematische Darstellung des Panoramas und des „Abbild" auf der Netzhaut (nach Goodrich 2000)

25.4
Die Welt kommt zu mir

In diesen Experimenten geht es darum, sich den Vorgang des Sehens vorzustellen. Oder um es anders zu formulieren: Wie kommt das Bild eines Gegenstandes in Ihr Bewusstsein?

 Schauen Sie einen Gegenstand an. Gehen Ihre Augen zum Gegenstand, oder kommt der Gegenstand zu Ihren Augen?

Physikalisch verhält es sich so, dass der Gegenstand das auf ihn fallende Licht reflektiert und dieses dann zu Ihren Augen kommt. Die Augen müssen sich nicht zum Gegenstand hinbewegen. Diese falsche Vorstellung des Sehvorganges führt zu einem Nach-vorne-Schieben des Kopfes (s. **Abb. 25–5a** und **b**)

 Ich lasse das Licht vom Gegenstand zu meinen Augen kommen.

Das Licht trifft auf das Auge, tritt durch Hornhaut, Linse und Glaskörper auf die Netzhaut.

 Ich lasse das Licht in die Augen und auf die Netzhäute treffen (s. **Abb. 25–6**).

Die Rezeptoren der Netzhaut wandeln die Informationen des Lichts in elektrische Impulse um. Die Sehnerven leiten die Impulse über den Thalamus in den hintersten Teil der Großhirnrinde zum Sehzentrum (s. **Abb. 25–7**). Hier werden die Informationen verarbeitet und zu einem Bild aufbereitet.

 Ich lasse das elektrische Signal über den Sehnerv ins Sehzentrum kommen.

Abbildung 25–5a und b: Mit den Augen zum Gegenstand gehen (a) oder das vom Gegenstand reflektierte Licht zu den Augen kommen lassen (b).

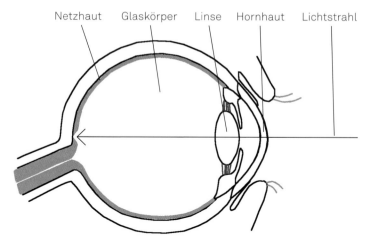

Netzhaut   Glaskörper   Linse   Hornhaut   Lichtstrahl

Abbildung 25–6: Längsschnitt durch das Auge mit einfallendem Lichtstrahl

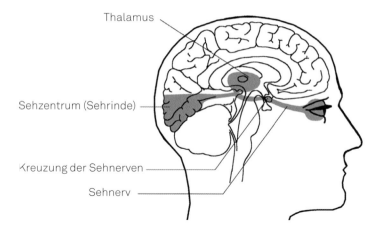

Thalamus

Sehzentrum (Sehrinde)

Kreuzung der Sehnerven

Sehnerv

Abbildung 25–7: Schematische Darstellung von Auge, Sehnerv, Thalamus und Sehzentrum

26
Transfer in den Alltag

Ich hoffe, die Selbstexperimente haben Spaß gemacht und Ihnen interessante, neue Erfahrungen vermittelt.

Wenn Wissenschaftler bei ihren Experimenten im Labor erfolgversprechende Resultate erzielt haben, folgt der Praxistest. Lässt sich eine neue Erkenntnis auch im Alltag, unter Normalbedingungen, umsetzen?

Bei den neuen Erfahrungen, die Sie mit den Selbstexperimenten gemacht haben, bin ich da sehr zuversichtlich. Ihr Körper wird Ihnen dabei helfen. Sie haben in einem Selbstexperiment beispielsweise erfahren, dass Sie die Schultern nicht hochziehen müssen, sondern auf den Rippen ruhen lassen können. Ziehen Sie nun im Alltag unbewusst die Schultern hoch, so melden sich die angespannten Muskeln in Ihrem Bewusstsein. Nutzen Sie solche Signale aus dem Körper, um die neu erlernten Bewegungsprogramme anzuwenden. Zusätzlich können Sie bewusst Experimente in Ihren Alltag einbauen.

Die untenstehende List soll Ihnen Ideen für diesen Alltagstransfer geben.

- Jeden Tag 15 Minuten in der regenerativen Rückenlage liegen, sich entspannen und die Erfahrung eines ausgerichteten Mittelteils tanken (s. S. 99).
- Beim Stehen auf die Fußstellung und die Gewichtsverteilung in den Füßen achten (rechts – links, Fersen – Fußballen – Zehen; s. S. 106).
- Die Schultern auf die Rippen legen (s. S. 169).
- Die Arme unabhängig vom Mittelteil bewegen (s. S. 172).
- Vom Brustbein eine Sonne nach vorne scheinen lassen (s. S. 128).
- Die Schlüsselbeine in die Weite wachsen lassen (s. S. 171).
- Das Becken in die Lotlinie bringen und aufrichten (s. S. 115).
- Die Beinknochen in die Lotlinie bringen (s. S. 117).

- Den Schädel nach oben gehen lassen (s. S. 136).
- Beim Heben einer Last: Affenstellung statt Kranstellung (s. S. 139).
- Beim Gehen die Beine bewusst in den Hüftgelenken bewegen und auf die parallele Fußstellung achten (s. S. 144).
- Beim Gehen den Mittelteil in der Lotlinie belassen (s. S. 147).
- Auf den Sitzbeinhöckern sitzen (s. S. 155).
- Die Atembewegung in Bauch und Becken wahrnehmen (s. S. 175f.).
- Den Kiefer unabhängig vom Schädel bewegen (s. S. 183).
- Die Zunge hinter die unteren Schneidezähne legen (s. S. 182).
- Die Blickrichtung immer wieder horizontal richten (s. S. 191).
- Den Blick weit werden lassen (Panoramablick; s. S. 192).

Und vergessen Sie nicht: Neue Erfahrungen sollen Spaß machen. Nehmen Sie die Anwendung der Alexander-Technik spielerisch. Eine Veränderung darf passieren, muss aber nicht.

27
Alexander-Technik mit einem Therapeuten

Wollen wir unsere Bewegungsorganisation verändern, sind wir mit zwei Schwierigkeiten konfrontiert. Erstens sind die Steuerprogramme für die Bewegungen im unbewussten Gedächtnis abgespeichert und darum nicht direkt zugänglich. Und zweitens ist unsere Selbstwahrnehmung durch unsere Denkgewohnheiten eingeschränkt.

Die einfachste und effizienteste Art, diese Schwierigkeiten zu umgehen, ist die Zusammenarbeit mit einem Alexander-Technik-Therapeuten. Er ist geschult, Störungen in der Bewegungsorganisation zu erkennen und vermittelt durch Berührungen, geführte Bewegungen und verbale Anleitungen neue Erfahrungen. So lernt der Klient, sich auf natürliche Art und Weise zu bewegen, er kann die Störungen selber wahrnehmen und zum Verschwinden bringen.

Der Therapeut schafft Lernsituationen im Liegen, Stehen, Sitzen, Gehen sowie in speziellen, den individuellen Bedürfnissen des Klienten entsprechenden Aktivitäten. So werden die neuen

Abbildung 27–1: Alexander-Technik mit einem Therapeuten

Programme eingeübt und im Gehirn verankert. Je öfter dies geschieht, desto einfacher ist es, sie später im Alltag zu aktivieren.

Die Berührung durch die Hände eines Alexander-Technik-Therapeuten wirkt direkt auf die Ausrichtung des Körpers im Raum. Sie ist wohltuend, entspannend und vermittelt ein Gefühl von Leichtigkeit (s. **Abb. 27–1**).

Auf Seite 203 finden Sie die Adressen der Berufsverbände, über die Sie einen Therapeuten in Ihrer Nähe finden.

Teil 3

Anhang

Adressen

Kontaktadresse des Autors
Adrian Mühlebach
THINKandMOVE-TRAINING
Hasenbühlstrasse 18 m
CH-8910 Affoltern am Albis
+41/(0)44 760 39 36
www.tamt.ch

Berufsausbildung
AZAT
Ausbildungszentrum für
Alexander-Technik Zürich
Administration
Hasenbühlstrasse 18 m
CH-8910 Affoltern am Albis
+41/(0)44 760 39 36

**Die Berufsverbände
im deutschsprachigen Raum**
*Hier finden Sie Alexander-Technik-Therapeuten
und -Lehrpersonen in Ihrer Nähe:*

Deutschland
A.T.V.D.
Alexander-Technik-Verband
Deutschland e.V.
Postfach 5312
D-79020 Freiburg
+49/(0)761/383357
kontakt@alexander-technik.org
www.alexander-technik.org

Schweiz
SBAT
Schweizerischer Berufsverband
der AlexanderTechnik
In den Kleematten 10
CH-4105 Biel-Benken
Tel. +41/(0)61 722 16 17
info@alexandertechnik.ch
www.alexandertechnik.ch

Österreich
GATÖ
Gesellschaft für F. M. Alexander-Technik,
Österreich
Postfach 174
A-1201 Wien
+43/(0)699/12684451
info@alexander-technik.at
www.alexander-technik.at

Literaturverzeichnis

Alexander-Technik

Alexander, F.M. (2000): *Die universelle Konstante im Leben*. Freiburg: Karger.

Alexander, F.M. (2001): *Der Gebrauch des Selbst*. Freiburg: Karger.

Alexander, F.M. (2006): *Die konstruktive bewusste Kontrolle des individuellen Menschen*. Freiburg: Karger.

Balk, M.; Shields, A. (2006): *Master the Art of Running*. London: Collins & Brown.

Barlow, W. (1983): *Die Alexander-Technik*. München: Kösel.

De Alcantara, P. (1997): *Alexander-Technik für Musiker*. Kassel: Gustav Bosse.

Friedmann, E.D. (1989): *Laban Alexander Feldenkrais*. Paderborn: Junfermann.

Gelb, M. (2004): *Körperdynamik*. Frankfurt am Main: Runde Ecken.

Gesellschaft der Lehrer/innen der F.M. Alexander-Technik (Hrsg.) (2004): *Das Spiel mit den Gewohnheiten*. Heidelberg: edition kavanah.

Lamprecht, G. (1998): *Die Alexander-Technik*. Frankfurt am Main: Peter Lang.

Park, G. (1994): *Alexander-Technik – Die Kunst der Veränderung*. Paderborn: Junfermann.

Steinmüller, W.; Schaefer, K.; Fortwängler, M. (Hrsg.) (2001): *Gesundheit – Lernen – Kreativität*. Bern: Verlag Hans Huber.

Wehner, R. (2013): *Alexander-Technik. Achtsame Übungen für mehr Körperharmonie*. Stuttgart: Trias.

Hirnforschung und Psychologie

Bauer, J. (2005): *Warum ich fühle, was du fühlst*. Hamburg: Hoffmann und Campe.

Damasio, A.R. (2004): *Ich fühle, also bin ich*. Berlin: Ullstein.

Gegenfurtner, K.R. (2005): *Gehirn & Wahrnehmung*. Frankfurt am Main: S. Fischer Verlag.

Grawe, K. (2004): *Neuropsychotherapie*. Göttingen: Hogrefe.

Hüther, G. (2003): *Wie aus Stress Gefühle werden*. Göttingen: Vandenhoeeck & Ruprecht.

Hüther, G. (2004): *Bedienungsanleitung für ein menschliches Gehirn*. Göttingen: Vandenhoeck & Ruprecht.

Kaluza, G. (2007): *Gelassen und sicher im Stress*. Heidelberg: Springer.

LeDoux, J. (2001): *Im Netz der Gefühle. Wie Emotionen entstehen*. München: dtv.

LeDoux, J. (2002): *Das Netz der Persönlichkeit. Wie unser Selbst entsteht*. München: dtv.

Petzold, G.H. (2004): *Integrative Therapie*. Paderborn: Junfermann.

Roth, G. (2001): *Fühlen, Denken, Handeln*. Frankfurt am Main: Suhrkamp.

Roth, G. (2004): Das Gehirn trickst das Ich aus. Interview in: *Der Spiegel* 52/2004. Hamburg.

Roth, G. (2007): *Persönlichkeit, Entscheidung und Verhalten*. Stuttgart: Klett-Cotta.

Storch, M.; Cantieni, B.; Hüther, G.; Tschacher, W. (2006): *Embodiment*. Bern: Verlag Hans Huber.

Storch, M. (2008): *Das Geheimnis kluger Entscheidungen.* München: Goldmann.

Medizin

Gorman, D. (1981): *The Body Moveable, Volume I-III.* David Gorman.

Kahle, W. (fortgeführt von Michael Frotscher) (2001): *Taschenatlas der Anatomie 3. Nervensystem und Sinnesorgane.* Stuttgart: Georg Thieme Verlag.

Kapandji, I.A. (1987): *The Physiologiy of the Joints.* Edinburgh: Churchill Livingstone.

Leonard, H. (1986): *Taschenatlas der Anatomie 2. Innere Organe.* Stuttgart: Georg Thieme Verlag.

Platzer, W. (1986): *Taschenatlas der Anatomie 1. Bewegungsapparat.* Stuttgart: Georg Thieme Verlag.

Schellhammer, S. (2002): *Bewegungslehre.* München: Urban & Fischer.

Schmidt, R.F.; Schaible, H.-G. (2001): *Neuro- und Sinnesphysiologie.* Berlin/Heidelberg: Springer Verlag.

Verschiedenes

Eickhoff, H. (1997): *Sitzen. Eine Betrachtung der bestuhlten Gesellschaft.* Frankfurt am Main: Anabas-Verlag.

Goodrich, J. (2000): *Natürlich besser sehen.* Kirchzarten bei Freiburg: VAK Verlags GmbH.

Linklater Kristin. (2012): *Die persönliche Stimme entwickeln.* München: Ernst Reinhardt Verlag.

Loschky E. (2009) *Gut klingen – gut ankommen.* München: Goldmann Verlag.

Ostermeier-Sitkowsi, U. (2000): *Augentraining. So stärken Sie Ihre Sehkraft.* München: Midena Verlag.

Sachwortverzeichnis

Erfahrbarer Atem – Ilse Middendorf

Monika Bloch Süss
Im Atem verbunden
In Erinnerung an Ilse Middendorf

2017. 152 S., 8 Fotos, Kt
€ 24,95 / CHF 32.50
ISBN 978-3-456-85651-3
Auch als eBook erhältlich

1965 begann Ilse Middendorf am Institut für Atemtherapie und Atemunterricht in Berlin, Schülerinnen und Schüler auszubilden. Sie sind heute in Europa und Amerika tätig. Die Autorin Monika Bloch Süss interviewte einige von ihnen für das vorliegende Buch. Diese Interviews sind eindrückliche biografische Zeugnisse. Sie dokumentieren neben Inhalten der Ausbildung die persönliche Entwicklung der Interviewten durch die intensive Arbeit mit dem eigenen Atem in der Lehre von Ilse Middendorf. In den Interviews blicken sie zurück auf ihre Ausbildungs- und Arbeitszeit in Berlin und auf ihren persönlichen Werdegang auf der Grundlage des Erfahrbaren Atems.

www.hogrefe.com

Bewegung ist Leben

Annette Höhmann-Kost (Hrsg.)

Integrative Leib- und Bewegungstherapie (IBT)

Theorie und Praxis

3., akt. u. erg. Aufl. 2018.
240 S., 22 Abb., Kt
€ 29,95 / CHF 39.90
ISBN 978-3-456-85760-2
Auch als eBook erhältlich

Die Integrative Leib- und Bewegungstherapie (IBT) verbindet körpertherapeutische und psycho-therapeutische Methoden und wird in vielen psychosomatisch-psychotherapeutischen, psychia-trischen Kliniken, Suchtkliniken, ambulanten Praxen und Beratungsstellen eingesetzt. Erlebnis-zentrierte sowie konfliktaufdeckende Wahrnehmungs- und Bewegungsübungen fördern den Zugang zum Unbewussten und helfen bei heilsamen Neuorientierungsprozessen.
Das Werk fokussiert insbesondere auf die Behandlung von Erwachsenen mit psychosomatischen Erkrankungen und erläutert in verständlicher Sprache die Grundlagen der Methode. Der ausführ-liche Praxisteil ermöglicht durch zahlreiche Beispiele auch die Übertragung auf andere Arbeits-bereiche.

www.hogrefe.com